Ulrike Schulte

Eine Geschichte vom Campen und Wohnmobil fahren

Zum Ernstnehmen oder Totlachen

www.tredition.de

Ulrike Schulte

Umschlaggestaltung, Illustration: Ulrike Schulte

Verlag: tredition GmbH, Hamburg
ISBN: 978-3-8495-5131-5
Printed in Germany

Zu diesem Buch

Einen Traum den viele träumen, Nämlich mit einem Wohnmobil ganz weit von allem zu sein und so die große Freiheit zu spüren, haben wir uns erfüllt.

Es war ein langer Weg aber wir haben uns immer gesagt:

Einst wird kommen der Tag.

Als erstes möchte ich uns vorstellen.

Mein Lebensgefährte Michael, mit seinen Kindern Tim und Linda.

Ich, mit meinen Kindern Frank und Anja. Wir sind also quasi eine Patchwork Family. Wie sich jeder vorstellen kann ist es nicht gerade günstig mit vier Kindern in den Urlaub zu fahren.

Eines Tages bekommen wir die Chance alles auf einen Nenner zu bringen. Wie sagt man so schön? Erstens kommt es anders und zweitens als man denkt.

Wir schreiben das Jahr 1999

Die Jungs sind nun 13 und 14 Jahre, die Mädels 8 und 9 Jahre.

Eines Tages bietet uns Michaels alter Freund Frank seinen Wohnwagen an, da er sich einen größeren kaufen möchte.

Er hat einen Jahresplatz in der Freizeit Anlage Varenholz bei Rinteln. Die Miete für den Platz soll 900 DM für das ganze Jahr betragen, was vollkommen in Ordnung wäre.

Um Himmelswillen war mein erster Gedanke. Zwei Erwachsene und vier Kinder in einem kleinen Wohnwagen!

Na gut, man kann ihn sich ja erstmal anschauen.

An einem schönen Sonntag fahren wir also zu dem Campingplatz.

Nur die Mädels im Schlepptau, die schon richtig aufgeregt rumhopsen, die Jungs haben keinen Bock, ich eigentlich auch nicht, aber das kann sich ja noch ändern, hoffe ich. So, da steht er nun auf einem Wendeplatz, klein aber fein.

OK, von innen sieht er ja gar nicht so schlecht aus, ist ja sogar ein Hochbett drin.

Natürlich geht bei den Mädels gleich der Streit los, denn natürlich beide wollen oben schlafen.

Entschieden gehe ich dazwischen.

Hallo, es ist ja noch gar nichts entschieden. Ach, wie kann man sich irren.

Also es sind ca.8qm für uns alle.

AUTSCH !

Michael und ich schauen uns ein wenig ratlos an.

Da erscheint ein Camper, es ist Bernd, ein alter Campingfreund von Frank, wie sich schnell heraus stellt.

Nein, meint er inbrünstig, da ist doch genug Platz. Wenn erstmal das Vorzelt steht ist das doch alles kein Problem denn da hält man sich ja am meisten auf.

Verwirrt schauen wir ihn an, während die Mädels sich immer noch streiten wer denn nun oben schläft.

Die Jungs? Ach die schlafen doch im Zelt. Wo ist also das Problem, will er wissen.

Und im Winter? Dieser leise Einwand von mir wird gleich zur Seite geschoben, denn nun ist

Michael mit diesem Bernd nach 3 Flaschen Bier gleicher Ansicht.

Platz genug ist immer, meinen nun beide!!

Trotz allem behalte ich mir vor erstmal darüber nachzudenken, abermeine innere Stimme sagt mir das es eigentlich schon entschieden ist, denn die Mädels haben sich inzwischen geeinigt das sie sich mit dem Bett jeden Tag abwechseln und mein Michael ist mittlerweile auch ganz Feuer und Flamme weil ihm dieser Bernd das Camperleben so richtig schmackhaft gemacht hat.

Nun, ich füge mich dem Schicksal und kann es mir langsam auch spaßig vorstellen.

Die Mädels sind ganz Happy. Nur die Jungs tun sich etwas schwer.

Sagte ich etwas?

Ihr kennt doch bestimmt auch dieses schwierige Alter, 13 und 14 Jahre.

Hallo, da ist man nicht mehr klein aber auch noch nicht groß. Auweia!!

Die Mädels sehen wir am ersten Tag nur wenn sie Hunger oder Durst haben, was sich auch später nicht großartig ändert. Natürlich ist auch öfter Zickenalarm angesagt, aber das ist ja völlig normal bei Mädchen. Sie finden sehr schnell Spielkameraden und es ist immer etwas los. Wie schön das sie so einen Spaß haben.

Aber die Jungs haben einfach auf alles und jeden null Bock, was sie uns auch immer wieder sagen, wenn wir versuchen ihnen irgendetwas auf dem Campingplatz schmackhaft zu machen.

Gott, ist das anstrengend!

Da kommt unser Freund Bernd wieder ins Spiel.

Er kennt ja den ganzen Campingplatz und nimmt die beiden Spezies kurzerhand erstmal mit.

Nachdem er sie mit anderen Kids bekannt gemacht hat, ist auch dieses Problem gelöst.

Dem lieben Gott sei es gelobt und gepfiffen und dreimal getrommelt.

Wie heißt es so schön?

Sind die Kinder glücklich sind es die Eltern auch.

Eine tolle Camperzeit fängt für uns alle an. Wir haben viele Freunde und sehr viel Spaß.

Nachdem wir den Wohnwagen und unser kleines Vorzelt schön eingerichtet haben wollen wir natürlich eine Einweihungsparty geben.

Das gehört sich halt so!

Eigentlich sollte die Party im Freien stattfinden aber leider fing es wie aus Kübeln an zu Regnen.

Also, alle Mann ins Vorzelt.

Ich weiß nicht mehr wie viele Leute wir im Vorzelt waren, nur so viel das wirklich keiner mehr hinein gepasst hätte.

Nicht mal eine Maus!

Egal, Hauptsache Spaß.

Am Höhepunkt der Feier angekommen, steht Dete, auch schon immer und ewig Camper, im Eingang des Vorzeltes, mit dem Gesicht zu uns gewand und während er das Lied, „Flieger, grüß mir die Sonne"! singt, fällt er kerzengerade nach hinten rüber.

Nachdem wir uns alle von dem Schrecken erholt haben und vergewissert sind das er sich auch nichts getan hat lachen wir uns natürlich alle schlapp.

Wie heißt es doch gleich? Betrunkene und kleine Kinder haben immer Glück.

Unser Vorzelt sah am nächsten morgen aus, als wenn eine ganze Armee da durch marschiert wäre. Das schöne Kunststoffregal, welches wir gerade erst gekauft haben, liegt zerdeppert in der Ecke. Irgendjemanden muss es wohl beim Tanzen im Weg gewesen sein. Alles in allem war es aber eine tolle Party.

Trotzdem haben wir das nie wiederholt.

Stockbrot grillen ist die Parole!

In tiefster Steinzeit, als der Fuchsweg noch von den verrücktesten Campern aller Zeiten besiedelt war.

Da wir ja erst viel später zu dem geselligen Camperhaufen gestoßen sind, kann ich diese Geschichte nur vom Hörensagen erzählen. Das Geschehen wurde mir aber so Erlebnisnah berichtet das ich es wiedergeben kann als wäre ich selber dabei gewesen.

Da die Kinder alle noch klein waren haben alle Mütter beschlossen das Arnhild die verantwortungsvolle Aufgabe, hat den Teig herzustellen. Arnhild, die Frau von Dete, der ja auf unserer Einweihungsparty den „ Flieger, grüß mir die Sonne"! gespielt hat aber nicht unbedingt mehr daran erinnert werden möchte, hat sich vorgenommen eine riesige Menge Teig zu zubereiten damit bloß genug da ist.

Nun, so ein Stockbrotgrillen ist ja immer eine aufregende Angelegenheit und alle Kinder sind schon in voller Aufruhr denn sie freuen sich nicht nur auf das Stockbrot sondern auch auf das kokeln.

Ja, wer spielt denn nicht gerne mit dem Feuer?

Frohgelaunt läuft Arnhild nun mit der riesigen Schüssel voller Teig über den Fuchsweg wo ihr schon alle gespannt entgegen sehen.

Nehmen wir einmal an, das es ein Stein war über den sie gestolpert ist.

Vielleicht war es aber auch nur ein Ameisenknochen?

In hohem Bogen verteilt sich der gesamte Teig über den Weg. Verdutzt liegt die Arme auf dem Boden und kann nicht begreifen was da gerade passiert ist.

Davon lässt sich eine Arnhild aber nicht unterkriegen und macht sich sofort daran noch einmal Teig herzustellen. Wie megavorsichtig sie diese Schüssel dann transportiert hat kann, man sich wirklich bildlich vorstellen.

Da ich in einer Fleischerei arbeite können wir leider meistens erst am Samstag zum Campingplatz fahren.

Das bedeutet das Michael vormittags das Auto mit Proviant und alles was man noch so braucht vollpackt und die Kinder startklar macht.

Also, da muss ich ihn ja echt mal loben. Denn er erledigt ja wenn ich Arbeiten muss den Haushalt, kauft ein und hat die Kinder fest im Griff.

So manch anderer würde verzweifeln. Und da er auch noch sehr gut kochen kann werde ich öfter von meinen Freundinnen gefragt ob ich ihn mal ausleihe. Kommt natürlich nicht in Frage, dieser Mann gehört mir!

Sobald ich um ca. 14.15 Uhr nach Hause komme geht es auch sofort los.

Ausruhen können wir uns ja auf dem Campingplatz, aber soweit ist es noch lange nicht.

Am geilsten ist es immer, wenn wir punkt 15.00 Uhr auf dem Platz erscheinen. Frank und seine Frau Dagmar, die ihren Platz gegenüber von uns haben, rufen jedes Mal entsetzt das gleiche.

„ Oh nein, die unruhige Großfamilie ist wieder da"!

Was natürlich nur Spaß war, da sind wir jedenfalls von ausgegangen.

Haben ja irgendwie recht denn jetzt geht es erstmal richtig los.

Nach einer herzlichen Begrüßung wird gnadenlos der Rasenmäher angeschmissen.

So, Tisch und Stühle raus, Auto ausladen, duschen gehen.

Geschafft, jetzt ist Wochenende.

Nicht ganz, denn nun haben alle Hunger.

Nachdem alle hungrigen Mäuler gestopft sind geht es nun wirklich zum gemütlichen Teil über.

Den Abend mit Freunden verbringen und viel erzählen obwohl spät abends meistens nur noch Quatsch dabei heraus kommt weil das Bier ja so gut schmeckt ist so was von egal.

Hauptsache Spaß haben.

So wie auch an diesem schönen Sommerabend. Michael sitzt auf seinem Stuhl und redet mit Händen und Füßen. Fragt mich bitte nicht was er alles zu erzählen hatte aber es muss was richtig Dramatisches gewesen sein, denn er kam so in Rage das er samt Stuhl nach hinten rübergekippt ist. Stellt euch einen Hirschkäfer vor der auf dem Rücken liegt. Exakt, so sah es aus, nur das Michael ein bisschen größer ist.

Himmlisch dieser Anblick☺

Übrigens ist Michael heute noch der Ansicht dass es an dem hügeligen Boden lag. Na klar doch!!

Wenn wir auf dem Campingplatz sind und es so heiß ist das nicht einmal der See mehr Abkühlung bringt, gibt es immer eine nette Abwechslung.

Dann liegt Dagmar nämlich mit dem kleinen Lukas im Schatten ihres Wohnwagens und liest Geschichten vor.

Wir gesellen uns immer gerne dazu.

Geschichten kann sie wirklich gut erzählen und man kann dabei schön die Seele baumeln lassen, während wir uns dabei auf unseren bequemen Liegestühlen erholen.

Ja, so etwas gibt es nur auf dem Campingplatz.

Entspannung pur!

Ach ja, dann ist da noch unser Wiesel Werner, ein wahres Unikum. Wir nennen ihn alle so weil er immer und überall am rumwieseln ist.

Ich glaube, dass er schon als Camper zur Welt gekommen ist. Da weiß er natürlich über alles Bescheid, zum Beispiel über Mückenstiche. Als Michael einmal einen riesigen Mückenstich am Fuß hatte, meinte er dass da nur eins hilft. Spitzwegerich! Werner hat den Mückenstich ordentlich damit behandelt. Nun, was soll ich sagen, geholfen hat es ja, aber Werner hat Michael so doll damit eingerieben dass er heute noch, nach zig Jahren eine Narbe hat.

Es ist Vatertag und den wollen wir auch auf dem Campingplatz verbringen. Die Männer haben sich alle versammelt und wollen durch die Felder zu einem Grillplatz an der Weser wandern.

Wir Frauen machen es uns derweil auf dem Platz gemütlich.

Am Nachmittag fahren wir mit unseren Rädern los um zu schauen, wie es unseren Männern geht. Die sind selbstverständlich alle gut drauf, was ja auch kein Wunder ist.

Das Wetter ist super und das Bier ist kalt.

Aber irgendetwas stimmt mit Michael nicht, denn er hat knallrote Augen. Nein, von dem Bier kann das nicht sein. Es ist eine astreine Pollen

Allergie. Auf dem Rückweg nimmt er mir doch tatsächlich mein Fahrrad weg weil seine Augen so brennen und er so schnell wie möglich aus den Feldern rauskommen möchte.

Verstehe ich ja auch, aber jetzt kann „Ich" den weiten Weg zurücklatschen. Bei der Hitze kein vergnügen. So ein Mist, wäre ich doch nur auf dem Campingplatz geblieben!

Endlich wieder auf dem Campingplatz angekommen, gehen wir alle noch in den Biergarten. Ich hole mir erstmal ein schönes großes Eis und Michael möchte auch einmal probieren.

Was macht er denn jetzt? Er haut sich das Eis auf seine juckenden Augen?

Da wird doch der Hund in der Pfanne verrückt!

Es gibt da bestimmt noch andere Möglichkeiten, aber es hat tatsächlich geholfen.

Diesen Anblick werde ich nie vergessen, einfach zum Schießen.

Eines Tages ergibt es sich, dass wir einen größeren Wohnwagen bekommen sollten. Unseren kleinen möchte gerne eine gute Bekannte von mir haben. Sie möchte unbedingt mit ihrem Mann und dem kleinen Sohn die Freiheit des campen erleben.

Es ist eine, wie ich finde, sehr lustige Geschichte.

Das erste was sie unter anderem aus dem Wohnwagen entsorgten waren die Matratzen.

Für uns alle stand sofort fest dass diese Familie den Namen einer bestimmten Entsorgungsfirma tragen soll.

Nein, auf so alten Matratzen kann man sich doch nicht mehr drauflegen, meinten sie???

Also werden Luftmatratzen gekauft.

Was allerdings zu unser aller Belustigung dazu führte das Sie diese immer wieder aufpumpen mussten.

AUCH NACHTS!

Einmal saßen wir bei den Beiden im Vorzelt und da es sehr kalt war versuchte der Mann, nennen wir ihn einmal Rolf, den Gasofen anzukriegen.

Die Betonung liegt auf versuchen.

Bei aufgedrehtem Gashahn fuchtelt er verzweifelt mit einem Feuerzeug daran herum. Michael gibt natürlich Ratschläge, aber Rolf weiß es natürlich besser. Noch schauen wir belustigt zu während seine Frau, nennen wir sie einfach mal Bettina, uns einen Kaffee anbieten will. Da sie allerdings nicht so oft auf dem Campingplatz sind wird leider nichts aus dem Kaffee da das Verfallsdatum schon seit einiger Zeit abgelaufen war. Jetzt bekommt die Dramatik ihren Höhepunkt, denn Rolf will jetzt die aufgedrehte Gasflasche auf den Kopf stellen um die Flamme zu entfachen.

Jetzt reicht es!

Voller Panik verlassen wir das Vorzelt.

Nun, passiert ist, warum auch immer, doch nichts und mit dem Campen war es dann auch schnell vorbei für die kleine Familie.

Was eigentlich sehr schade war, denn es sind sehr liebe Camper gewesen mit denen wir echt viel Spaß gehabt haben.

War wohl doch nicht so ihr Ding.

Da wir noch kein Dach über unseren Wohnwagen haben beschließen wir selber eins zu bauen, denn wenn man eins kaufen würde wäre es sehr teuer und außerdem macht es auch Spaß.

Ein Dach kaufen kann ja jeder. Also konstruiert Michael das Gerüst für das Dach.

Donnerwetter, das hat er echt gut drauf!

Alle auf dem Campingplatz sind in heller Aufruhr, denn keiner kann sich so richtig vorstellen wie das wohl werden wird. Unsere Freunde helfen natürlich alle mit, denn jeder freut sich immer wenn was los ist.

Vor allem wird sich auf das Richtfest gefreut ☺

Nach vielem Hämmern und Schrauben ist es so weit.

Das Dach ist fertig und wird von allen tüchtig bestaunt.

Mein Schatz ist natürlich stolz wie Oscar, wo er auch allen Grund zu hat.

Wieder einmal ist ein schönes Wochenende auf dem Campingplatz geplant.

Diesmal nimmt Michael sein selbst gebautes Segelschiff samt Fernbedienung mit.

Er hat nämlich dem kleinen Sohn von Frank und Dagmar versprochen, es mal mit ihm fahren zu lassen. Lukas war damals 4 Jahre alt und konnte natürlich nicht abwarten das es losgeht.

Am Samstagmorgen ging er uns nicht mehr von der Pelle.

Ein wenig genervt meinen wir zu ihm dass er es aber noch bis zum Nachmittag aushalten muss.

Okay, das ist hart für einen kleinen Jungen noch so lange warten zu müssen, aber Mittagsschlaf muss sein, auch für Michael.

Ich sitze solange im Vorzelt und lese ein Buch.

Da kommt doch der kleine Knirps an, der natürlich viel zu aufgeregt ist um einen Mittagsschlaf zu halten und fragt mich wie lange mein Vater denn noch schlafen will??

Nachdem ich mich von meinem Hustenanfall erholt habe erkläre ich ihm belustigt dass Michael nicht mein Vater sondern mein Freund ist.

Hätte ich mir auch sparen können, weil ihm das sowieso schnurz egal war.

Hauptsache ist, dass er bald wieder aufsteht.

Ich musste mich so was von beherrschen nicht laut los zu lachen weil er mich unglaublich ernsthaft ansah.

Aber da kam Michael Gott sei dank endlich ins Vorzelt.

Gerettet!!!

Jetzt geht es aber endlich los, meine Güte ist der Lütte niedlich. Am Seeufer angekommen müssen erstmal die Segel richtig gesetzt werden und ab aufs Wasser mit dem Schiff.

Lukas darf natürlich auch mal kurz die Fernbedienung halten und schaut uns dabei voller Stolz an.

So, jetzt ist Michael wieder dran. Ich glaube er ist genauso aufgeregt wie Lukas. Ja, da wird ein Mann wieder Kind, echt süß. Da es ziemlich windig ist fährt das Schiff sehr gut aber auch immer weiter weg. Da ist es auch schon passiert!

Die Fernbedienung hat keinen Kontakt mehr zum Schiff.

Wir lachen uns natürlich alle kaputt, denn es sind noch einige Schaulustige dazu gekommen.

Nur Michael lacht nicht denn er muss jetzt ins kalte Wasser um sein Segelschiff wieder zu holen.

Leise vor sich hinfluchend und bibbernd vor Kälte, watet er in den See.

Und damit ist das Kapitel Segelschiff fahren lassen, erst einmal beendet.

Es ist mal wieder soweit. Ein herrliches Wochenende steht uns bevor.

Die Wettervorhersage ist super, also nichts wie los zum Campingplatz.

Im vor hinein möchte ich euch noch sagen dass wir wahrscheinlich die einzigen Camper auf der Welt sind die einen unheimlichen Verschleiß an Pavillons haben.

Mit einem neuen und viel stabilerem Pavillon als bisher, kommt die unruhige Großfamilie auf dem Campingplatz an.

Vergnügt bauen wir ihn auf und zur Belohnung bekommen wir von Frank und Dagmar ein schönes kühles Bier das wir auf deren Platz genießen.

Die Luft ist inzwischen sehr schwül geworden.

Ein Zeichen?? Auf einmal hören wir ein unbeschreibliches Geheul.

Eine Windhose kommt geradewegs auf „ unseren" Platz zu.

Wir springen alle auf einmal auf und rennen zu unserem Pavillon.

Ziemlich idiotisch von uns, denn während wir alle verzweifelt versuchen den Pavillon festzuhalten, lässt die Windhose jedes einzelne Rohr wie Streichhölzer zusammenknicken. Echt klasse, ich könnte mich totlachen. An diesem Nachmittag ist nicht nur unser Pavillon in den Müllcontainer gelandet, sondern noch etliche mehr. Sorry, aber irgendwie war das eine kleine Genugtuung für uns.

Da zu der Freizeitanlage auch eine Wasserskianlage gehört sollte jetzt ein Turnier der Camper stattfinden und abends bei einem Bier wurde dann alles besprochen. Mein Michael wurde bei jedem weiteren Bier immer mutiger. Natürlich macht er mit, das ist ja nun wirklich ein klacks Wasserski zu fahren.

Am nächsten morgen hatte er aber aus heiterem Himmel plötzlich einen Hexenschuss und kann auf gar keinen Fall an dem Turnier teilnehmen?? Wenn ihr mich fragt, hat er einfach nur falsch gelegen. Sei es drum, da muss ich halt herhalten und ich kann euch versichern, dass sich meine Begeisterung in Grenzen gehalten hat. Trotzdem habe ich das Ding voll durchgezogen und am nächsten Tag wusste ich ganz genau wo sich jeder einzelne Muskel in meinem Körper befindet. Voller Schmerzen am ganzen Körper ärgere ich mich darüber dass mir der Hexenschuss nicht eingefallen ist.

Aber ich war nicht die einzige die leiden musste, denn unserem Freund Frank ging es nicht anders. Sein erster Start war am lustigsten, denn als das Seil ihn anzog hat er aus welchen Gründen auch immer, losgelassen und lag wie eine gestrandete Robbe auf der Plattform. Er hat es quasi bei seinen ersten Start nicht mal bis ins Wasser geschafft, aber dann fand er den Bogen doch noch raus.

Ich leider nicht, und doch trug ich einen wertvollen Beitrag dazu. Alle hatten tüchtig etwas zu lachen.

Na ja, wer den Schaden hat braucht für den Spott nicht zu sorgen. Unsere Mädels Anja und Linda haben sich dagegen echt gut gehalten. Wie die Steh auf Männchen auf die Bretter und ab ins Wasser. War schon bewundernswert wie sie immer wieder unermüdlich auf die Bretter gestiegen sind. Noch bewundernswerter war das sie keinen Muskelkater hatten. Ein Hoch auf die Jugend ☺

Einmal trug es sich zu das wir an einem Wochenende nur mit Anja zum Campingplatz fahren wollen, da die anderen Kids etwas anderes vorhaben. Es ist Freitagnachmittag, denn ich habe den Samstag frei, als wir uns für das Wochenende rüsten. Michael und ich fahren schnell noch etwas einkaufen und in dieser Zeit soll sich Anja, mittlerweile 13 Jahre, schon mal startklar machen. Frohgelaunt kommen wir wieder nach Hause. Ach du Schreck, da sitzt doch dieser Teenager weinend am Küchentisch. In den langen Haaren einen Lockenstab den man nicht mehr heraus bekommen

kann, weil die Haare sich darin so was von einge-
dreht haben, wie es schlimmer nicht geht. Ein Anblick zum Jammern. Was machen Eltern in so einem Moment als erstes? Sie schimpfen natürlich
erstmal los, was aber eigentlich auch nichts hilft
und als sie uns unter Tränen sagt, dass sie sich
doch nur die Haare schön machen wollte, haben
wir doch echt Mitleid.

Ja, Ja 13 Jahre! Hauptsache schön!

Michael zieht sich erstmal grinsend zurück.
Mein Grinsen kann sie Gott sei dank auch nicht
sehen denn ich stehe jetzt hinter ihr und versuche
sie mit Kamm und Schere so gut wie möglich von
dem Lockenstab zu befreien. Nicht so einfach
wenn der Mann immer missmutiger wird, weil es
so lange dauert und das Kind immer zappeliger,
weil es so weh tut, denn ich muss leider ordentlich
an ihren Haaren ziehen.

Als ich es endlich geschafft habe sie von dem
Lockenstab zu befreien, ohne ihr dabei nicht all zu
viele Haare abschneiden zu müssen, können wir
endlich losfahren. Übrigens! Den Lockenstab hat
sie nie wieder angerührt.

Die Jahre vergehen und mittlerweile gehen die
Jungs ihre eigenen Wege und bei den Mädels ist
die Camperei auch ausgereizt.

Ja, und Michael und ich wollen jetzt auch noch
was anderes von der Welt sehen. In uns ist ein tol-
ler Plan gereift. Wir kaufen uns ein Wohnmobil!

Nur gut dass man nicht vorher weiß was alles passieren kann ;((

Und es wird jede Menge passieren, das kann ich euch versichern.

Wir schreiben das Jahr 2004/5

Ein Wohnmobil soll es sein, nicht zu klein und nicht zu groß und natürlich günstig. Kann ja eigentlich nicht so schwer sein.

Also sehen wir uns erstmal in der Nähe um, unter anderem in Bielefeld bei Reisemobile Sch…. Da steht zwar einiges rum, aber leider nichts was unseren Vorstellungen entspricht.

Gut, dann müssen wir halt weiter wegfahren um zu suchen.

Ach, wo wir überall waren, im Umkreis von ca. 300km. NICHTS!!

Das gibt es doch gar nicht, wir haben doch wirklich keine großen Wünsche, oder?

Eine innere Stimme sagt uns, dass wir noch einmal in Bielefeld bei dem Wohnmobilhändler Sch… schauen sollten, da ja jetzt schon wieder ein paar Wochen vergangen sind. Der Name dieses Händlers wird sich noch in unser Hirn einbrennen!!

Es stehen immer noch sehr viele Wohnmobile auf dem Platz, aber wir können leider wieder noch nichts entdecken was unseren Vorstellungen entsprechen würde. Halt, was ist denn das! Ganz hinten auf dem Hof steht er!

Ein Heku 600. Wie gebannt gehen wir auf ihn zu. Okay, ein etwas älteres Modell, aber er hat etwas an sich und wir sind uns ohne etwas zu sagen schon einig. Die Innenausstattung ist genauso wie wir es uns vorgestellt haben.

10.000 Euro soll er kosten und er hat sogar einen Fahrradträger.

Na, wenn das kein Schnäppchen ist.

Aufgeregt gehen wir zu dem Händler. Zu unserer Freude meint er dass das Auto noch zu haben ist und sich natürlich im besten technischen Zustand befindet. Da kommen wir noch drauf zurück. So was von! Nach einer kurzen Probefahrt ist der Fall klar.

Das soll es sein, unser „Traum" Mobil.

Mein Gott, wie werden wir das noch bereuen.

Ach ja, kurz nebenbei bemerkt: Es ist Winter! Leider muss unser „Traum" für einige Zeit an der Straße stehen bleiben da unsere Hofeinfahrt erst einmal breiter gemacht werden muss. Das ist aber echt das kleinste Problem, wie sich später herausstellen wird.

Ich habe euch ja versprochen dass viel passieren wird und ich halte Wort. Nach ein paar Tagen wollen wir eine kleine Spritztour machen.

In Freudiger Erwartung steigen wir ein und er springt nicht an? Auch nach mehreren Versuchen tut er uns nicht den Gefallen. Da müssen wir doch unseren „netten Herrn Sch…" anrufen. Kein

Problem, ich komme sofort, meint er, was er auch nach ca.1Stunde tat. Bei ihm sprang er natürlich auch nicht an.

Netter Versuch!

Jetzt wird er abgeschleppt und wir bekommen sogar einen Nugget als Ersatzwagen.

Dieser „nette Herr Sch…" lässt sich ja echt nicht lumpen☹ Nach ein paar Tagen bekommen wir unser Auto wieder, mit dem Kommentar dass es ja keine große Sache gewesen wäre. Uns doch egal, wir haben ja Garantie. Noch!

Wie ich bereits erwähnte war es Winter und extrem kalt, was der Winter halt so mit sich bringt. Kleiner Scherz am Rande aber man muss das alles echt lustig sehen, sonst wirst du bekloppt. Als das Wetter endlich wieder schöner wird wollen wir mal wieder übers Wochenende wegfahren. Wir machen die Tür auf und was soll ich euch sagen?

Es regnet in unserem Auto.

Munter rieselt das Tauwasser an der Seitenwand herunter und es lässt sich natürlich auch nicht von unserem entsetzten Schrei davon abhalten weiter zu rieseln.

Tja, da müssen wir doch wieder unseren „netten Herrn Sch…" anrufen. Ist doch kein Problem meint er, bringt ihn her, wir machen das schon.

GRRR!!

Es muss ja nur die ganze Verkleidung abgenommen werden und dann alles neu Isolieren, mehr nicht. Jetzt werden wir doch langsam ein bisschen böse auf ihn. Denn leider dauert diese ganze Sache mehrere Wochen und der Sommer naht mit Riesenschritten. Wohlgemerkt, wir haben unseren „Traum" im Winter gekauft und waren noch nicht einmal weg!!

Wir holen unser Auto endlich wieder nach Hause und haben heute noch die Worte im Ohr die unser „netter Herr Sch…" von sich gab.

Nämlich diese.

„Jetzt kann nichts mehr schief gehen"! Jesses Maria und Josef, wie kann man sich irren ☹

Wir schreiben das Jahr 2005 / Sommer

Endlich ist es soweit und wir fahren voller Vorfreude nach Italien. Und zwar zu einem wunderschönen Campingplatz in Bibione. Der Campingplatz nennt sich Capalonga, den unsere Freunde Didi und Wilma schon ein Jahr zuvor ausgekundschaftet haben.

Alleine der Name „Capalonga" ist schon toll.

Da sie uns so von dem Campingplatz vorgeschwärmt haben wollen wir auch unbedingt dorthin. Und das Schicksal nimmt seinen Lauf!

Wir haben einen Platz direkt an der Sanitären Anlage und vor uns liegt eine Lagune, die direkt zum Meer führt. Einfach nur schön. Übrigens wird uns diese Lagune eines Tages noch viel Schrecken und Schaden bringen.

Kommt später, versprochen!!

Jeden Tag wird eine ausgiebige Fahrradfahrt zur Stadt unternommen, um Cappuccino zu trinken und ausgiebig zu bummeln. Zu Michaels Leidwesen, denn das Bummeln und Schoppen ist gar nicht sein Ding.

Typisch Mann ☹

Ansonsten wird auf dem Campingplatz auch sehr viel geboten. Wir haben sehr viel Spaß und sind einfach nur glücklich. Nach zwei wunderschönen Wochen, von denen wir noch sehr zehren werden, müssen wir leider wieder nach Hause.

Nachdem wir alles gut verstaut haben wird unser „Traum" wieder gestartet.

Michael schaut mich irgendwie komisch an und deutet auf das Armaturenbrett. Oh, alle Lämpchen die es auf dem Armaturenbrett gibt leuchten rot auf.

Der Motor hört sich auch nicht besonders gesund an. Uns steht sofort der kalte Schweiß auf der Stirn, denn irgendwie müssen wir beide plötzlich an „unseren netten Herrn Sch…" denken.

Wir überlegen fieberhaft was wir tun sollen.

Angesprungen ist er ja, aber die vielen roten Lämpchen machen uns echt nervös. Nutzt ja nichts, wir müssen eine Werkstatt finden. Mit bangen Gefühlen fahren, na ja, hoppeln wir in die nächste Werkstatt, die wir auch Gott sei dank gleich finden.

Der Besitzer der Werkstatt kommt sogleich auf uns zu, was ja nicht immer gleich so selbstverständlich ist. Wir müssen echt Scheiße ausgesehen haben. Wir nennen ihn einfach Peppino, denn er sieht einfach so aus als müsste er Peppino heißen.

Nachdem wir unsere Probleme geschildert haben, kommt der Gang in die Werkstatt zur Grube.

Das Gesicht, welches Peppino machte, während er sich alles genau anschaut gefällt uns gar nicht und was er uns dann in gebrochenem Deutsch mitteilt, noch weniger. Alles kaputto, nix mehr fahren, große Katastrophe, meint er, und schüttelt dabei so heftig mit dem Kopf das wir uns ein wenig Sorgen um ihn machen. Es müssen Ersatzteile bestellt werden und wir hoffen dass sie so schnell wie möglich geliefert werden.

Spätestens übermorgen können wir bestimmt weiterfahren. Die Hoffnung ist die letzte Weißheit der Narren.

Tagsüber steht unser Auto, das Wort „Traum" habe ich mir inzwischen abgewöhnt, in der Werkstatt und abends schieben wir ihn wieder auf den Hof, um darin zu schlafen. Dieser Vorgang wird sich in den folgenden Tagen, zu unserem Leidwesen, wiederholen.

Gleich am Anfang ist mir auf dem Gelände der Werkstatt ein Tor aufgefallen hinter dem sich ein kläffender Hund befand. Nur gut das das Tor verschlossen, war denn ich habe große Angst vor Hunden. Am nächsten morgen, wir haben übrigens kaum ein Auge zu gemacht weil alle Hunde aus der Umgebung, vor allem der Hund hinter dem Tor, sich vorgenommen haben die ganze Nacht zu bellen, sind noch keine Ersatzteile gekommen und am nächsten Tag leider immer noch nicht.

Langsam werden wir, vor allem ich, Apathisch. Schon der dritte Tag. Doch da gibt uns Peppino in gebrochenem deutsch zu verstehen, dass seine Frau jetzt die Ersatzteile direkt vom Händler holt damit wir nicht noch länger warten müssen.

Wie Süß, ein Hoffnungsschimmer am Horizont.

Aber wir haben die Rechnung ohne den Mechaniker gemacht.

Die Südländer haben ja so… viel Zeit und machen sich keinen unnötigen Stress. Hm!

Mittlerweile sind wir ziemlich gar, Michael schaut den Mechaniker beim Einbau der Ersatzteile zu und hätte am liebsten mitgeholfen, damit es schneller geht. Sah jedenfalls so aus. Ich sitze derweil auf dem Bordstein des Geländes und döse so vor mich hin. Plötzlich kommt mein Freund, der kläffende Hund auf mich zu gerannt, weil irgend so ein Idiot vergessen hat, das Tor zu schließen. Er bellt mich böse an, aber ich, man staune, erschrecke nicht einmal, sondern sehe ihn nur schultern zuckend mit leeren Augen an. Ja, Leute, glaubt mir, er hörte sofort auf zu bellen und ich schwöre euch, es war Mitleid in seinem Blick.

Er dreht sich um und läuft ruhig hinter sein Tor.

Michael hat das Geschehen mitbekommen und meint, dass es an der Zeit ist nach Hause zu kommen, wo ich jetzt noch nicht einmal mehr Angst vor einem Hund habe. Ja, mir ist inzwischen wirklich alles Scheißegal. Hauptsache wir kommen weiter

Endlich, das Auto ist fertig und Peppino gibt uns zu verstehen, dass wir damit wenigstens nach Hause kommen müssten. Na toll, also nichts wie weg! Nachdem wir eine Stunde auf der Schnellstraße fahren macht es auf einmal RUMMS?

Der rechte Hinterreifen ist geplatzt.

Gut das mein Michael so ein guter Autofahrer ist. Er fängt das Auto super auf und fährt rechts ran. Meine Augen werden immer leerer. Wir stellen schnell das Warndreieck auf, so wie es sich gehört, ziehen unsere Warnwesten an und während wir den Reservereifen aus dem Auto holen knallt es auch schon direkt neben uns. Ein Bayer, der es scheinbar ganz besonders eilig hatte, ist einem Italiener hinten drauf gefahren. Genau einen Meter neben uns! Herr Gott noch mal, wir hätten tot sein können!! Es entsteht ein wahnsinniger Tumult um uns herum und langsam fragen wir uns was wir eigentlich verbrochen haben.

Jetzt bocken wir erstmal das Auto hoch. Geht aber nicht weil ein paar Zentimeter fehlen. Wundert uns das jetzt?

NEIN !

Ich stehe natürlich im Gras hinter der Leitplanke mit kurzer Hose und Flip Flops. Wohl bemerkt, es gibt hier nur Gras und Büsche, auch hinter mir den Abhang hinunter, nur Gras und Büsche. Da meint mein Schatz am Ende mit seinem Latein, ich sollte doch bitte Holzstücke suchen??? Gerne, aber wo? Ich versuche es natürlich trotzdem, aber ohne Erfolg, was ja eigentlich klar war.

Die Hoffnung stirbt zuletzt.

Inzwischen haben sich meiner Meinung nach alle Mücken aus Italien hier versammelt um mich zu stechen. Was soll ich dazu noch sagen? Ein Geistesblitz durchzuckt mich. Wir haben doch Holzbrettchen im Auto. Ich hole sie sofort und gebe sie voller Stolz meinem Schatz.

Oh danke, nicht so viel Lob auf einmal, wenn es doch nur klappt.

Und es funktioniert tatsächlich. Neben uns wird es immer turbulenter, weil die Schuldfrage scheinbar nicht zu klären ist. Eigentlich ist ja immer der Schuld der hinten drauf fährt, aber so einfach scheint das hier nicht zu sein. So, jetzt aber schnell das Reserverad drauf und nichts wie weg.

Nun kommt der Moment wo meine Augen ganz ihren Ausdruck verlieren. Mein armer Michael, der sich bei der fürchterlichen Hitze so abplagen muss, meint resignierend, dass der Reserve Reifen nicht passt.

In diesem Augenblick merke ich nicht einmal mehr die Mücken aus Italien und den umliegenden Ländern, denn mittlerweile bestehen meine Arme und Beine nur noch aus roten Pusteln.

Ein Komplott!

Also zucke ich nur mit den Schultern. Doch dann passt der Reifen doch und ich denke dass Michael einfach nur „etwas nervös" war. Die Situation neben uns eskaliert gerade und wir sind froh dass wir weiterfahren können. Nun, ganz so schnell wie wir uns das vorgestellt haben geht es dann doch nicht. Nach ca. 300 km verabschieden sich der 3, 4 und 5 Gang.

Das soll uns mal einer nachmachen im zweiten Gang von Italien nach Deutschland.

Wetten, dass da sowieso keiner scharf drauf ist?

Ist schon deprimierend, wenn man vor einem Berg die LKW vorbeiwinken muss weil wir ja „etwas" langsamer sind. Es nimmt kein Ende, denn jetzt kommen ja noch die vielen Tunnel☹ Nothaltebuchten gibt es da schon mal gar nicht. Panik macht sich in uns, nein mehr in mir, breit. Was wenn jetzt noch ein Reifen platzt? Wo sollen wir dann halten? Und wo nehmen wir dann einen Ersatzreifen her?

Aber es passiert Gott sei dank nichts mehr. Im Moment jedenfalls nicht!

Ja, was soll ich sagen, irgendwann kommen wir ziemlich fertig zu Hause an. Lustigerweise mit einer Italienischen Mücke, die auf gar keinen Fall aufgeben will.

Respekt!

Was machen wir nun? Wir rufen natürlich unseren „netten Herrn Sch…" an. Oh, diesmal kann er uns leider nicht helfen, da es auf das Getriebe keine Garantie gibt?

Dieses dämliche Ar…!

Wir suchen eine Werkstatt in Lemgo auf und da kann uns geholfen werden.

Wir müssen „nur" ein Getriebe von einem Schrotthändler besorgen. Wir erkundigen uns und in Fuhrberg soll es das geben was wir brauchen. Also fahren wir nach Fuhrberg, ca. 100km entfernt und besorgen uns eins. Am nächsten Tag soll es eingebaut werden, doch da meint der Mechaniker dass es leider nicht geht, weil irgend so eine blöde Schraube fehlt. Die haben sie wohl nach dem Ausbau auf dem Schrottplatz vergessen mitzugeben. So eine Sch…! Ist doch kein Problem, fahren wir halt noch mal hin☹

Zwei Tage später haben wir unser Auto wieder und wir haben ab jetzt auch eine schöne Zeit mit dem Auto. Muss ja langsam auch, denn der Spaß hat uns bis jetzt ganz schön was gekostet.

Wir schreiben das Jahr 2006

Dieses Mal möchten wir mit unserem Heku nach München, dann zum Bodensee und als krönenden Abschluss haben wir uns den Titisee zum Ziel gesetzt.

Aber erstmal nach München Unsere Freunde Didi und Wilma sind schon eine Woche dort, auf dem Campingplatz Thalkirchen. Sie wollten eigentlich weiter nach Italien, aber da es ihnen in München so gut gefällt, haben sie sich vorgenommen da zu bleiben. Der Campingplatz liegt direkt an der Isar und man kann mit dem Fahrrad direkt an der Isar entlang nach München hinein fahren. Wir kommen genau auf Michaels Geburtstag an dem Campingplatz an. Das muss natürlich gefeiert werden und wir beschließen mit den Rädern zum Hofbräuhaus zu fahren.

Der tolle Ausblick während der Fahrt ist unglaublich. Überall liegen die Menschen am Ufer der Isar und genießen einfach nur. Viele liegen auch nur einfach nackt da, was hier aber nicht störend wirkt. Im Gegenteil, es ist eine stille Idylle. Ich nehme an das diejenigen, welche sich einfach hinlegen wie Gott sie geschaffen hat, Berufstätige sind, die einfach für einen Moment allen Stress vergessen wollen. Kann man ihnen nicht verdenken, oder? Also, der Fahrradweg ist quasi wie eine richtige Straße und man muss höllisch auf den Gegenverkehr aufpassen.

Didi und Wilma haben uns schon darauf aufmerksam gemacht, aber mein Michael nimmt das natürlich nicht so ernst. Einmal wäre er beinahe mit jemanden zusammen gestoßen weil er nicht rechts gefahren ist und ich sage euch, wir hatten alle einen unheimlichen Zahn drauf. Meine Güte, hat der Bayer geflucht. Diese Worte möchte ich jetzt nicht wiedergeben, kann ich auch kaum, denn ich habe diesen Dialekt nicht wirklich verstanden. Ich weiß nur, dass es keine „ netten" Worte waren. Na ja, er hat ja echt Recht. Auf jeden Fall hat die Sache ein Gutes, denn mein Schatz passt jetzt auf. Ich denke, er hat auch einen tüchtigen Schrecken bekommen.

Didi hat eine Straßenkarte mit und meint innbrünstig, das wir dass Hofbräuhaus sofort finden.

DENKSTE!

Nach ziemlich langem umher irren, und etwas genervt, fragen wir jemanden nach dem Weg. Das passt Didi gar nicht, und er meint gekränkt, dass er es jetzt auch gleich gefunden hätte. Ja, so was kann er gar nicht leiden. Trotzdem haben wir noch sehr viel Spaß.

Direkt neben dem Campingplatz, am anderen Ufer der Isar, sind Bootsanleger. Es werden Floßfahrten für Vereine angeboten und wenn sie die Isar heruntergefahren sind endet das hier. Das ist ein lautes und lustiges Spektakel und es macht Spaß dabei zu zusehen.

Die Busse warten schon auf die lustigen Truppen die jetzt ziemlich vom Alkohohl angeschlagen, von den Flößen steigen. Nun, für die Busfahrer ist das bestimmt nicht so lustig, aber die sind das ja bestimmt gewohnt.

Durch München zu schlendern ist auch sehr aufregend.

Da postieren sich an mehreren Stellen lebende Puppen. Habt ihr bestimmt schon mal gesehen. Ich stehe mit Wilma vor so einer Puppe und plötzlich bewegt sich dieses Ding. Gott, haben wir uns erschreckt.

Da müssen wir uns erstmal auf dem Viktualienmarkt im Biergarten von erholen. Das ist auch so eine geile Sache. Es wimmelt hier nur so von Menschen in allen Altersgruppen. Mit viel Glück bekommen wir noch einen Platz. Als wir uns umschauen bemerken wir dass sogar Omis ihre mitgebrachte Brotzeit auspacken und sich dazu ein Maß Bier gönnen. Zum Mittag! Faszinierend!!

Wie gesagt, der Biergarten ist gerammelt voll aber man hört nur leises Gemurmel und es läuft alles mit einer ganz eigenartigen Ruhe ab. Ich bin begeistert und zugleich sprachlos. So geht es auch weiter.

Stellt euch vor ihr seid mitten in der Münchner Innenstadt und steht in einer Nebenstraße vor einer hohen Tür.

Was ist dahinter?

Da fällst du echt vom Glauben ab. Eine Kirche. Voller Prunk und alles in Gold. Sensationell!!

Nachdem wir noch ein paar schöne Tage mit Didi und Wilma verbracht haben, machen wir uns auf den Weg zum Bodensee.

Was soll ich sagen, die Reise lohnt dorthin sich wirklich.

Den Wohnmobilstellplatz kann man nur loben und von dort aus kann man sehr viel unternehmen. Von Lindau aus machen wir uns mit den Rädern auf den Weg nach Bregenz. Wir möchten uns gerne die Freilichtbühne und die Seebühne anschauen.

Aber leider fing es an zu regnen und pitschnass fahren wir wieder auf halber Strecke zurück nach Lindau. Dieser blöde regen wird uns in ein paar Jahren noch ziemlich zusetzten, aber soweit sind wir noch lange nicht.

Einige Tage später fahren wir noch einmal bei wunderschönem Wetter nach Bregenz. Mein lieber Herr Kanalarbeiter, die Seebühne ist echt der hammer. Die Kulisse spektakulär aufgebaut.

Von der Freilichtbühne sind wir auch fasziniert denn sie ist unglaublich riesig und erschreckend hoch. Ich lasse es mir natürlich nicht nehmen die Stufen zu erklimmen um den Ausblick von ganz oben zu genießen. Natürlich alleine, denn mein

Schatz hat Höhenangst und macht von unten, wo er in Sicherheit ist, Bilder.

Pah, sicher glaube ich ihm dass er Höhenangst hat, aber manchmal ist es auch die pure Faulheit.

Das denke ich ganz leise für mich. Kriegst ja eh kein Recht. Der Aufstieg dauerte doch etwas länger als ich es mir vorgestellt habe. Alter Verwalter, das sind aber auch viele Stufen!! Endlich ganz oben angekommen, werde ich mit einem grandiosen Ausblick belohnt. Bin fast versucht „ Ich bin der König der Welt" zu rufen, aber dafür fehlt mir leider die Puste☹

Michael steht da unten und winkt mir lachend zu. Schön das er so einen Spaß hat. Und wieder Stufe für Stufe hinunter. Dabei sage ich mir immer wieder dass es sich wirklich gelohnt hat.

Ja, Ja, lacht ihr nur.

Bevor wir uns auf den Weg zum Titisee machen wollen wir uns auf jeden Fall auch den Rheinfall von Schaffhausen ansehen. Hui, der ist auch sehr beeindruckend. So einen Wasserfall haben wir noch nicht so aus der Nähe gesehen. Sicher sind die Niagarafälle viel gewaltiger, aber die können wir uns nicht mal eben so in Natura anschauen. Das ist uns doch ein bisschen zu weit mit dem Wohnmobil. Es führen Treppenstufen bis fast ganz unten hin, wo sich ein Plateau befindet. Von hier aus kann man sich alles super aus der Nähe anschauen. Das Getöse ist so wahnsinnig laut, dass man sich nicht unterhalten kann. Also schreien wir! Das macht riesigen Spaß, vor allen Dingen weil die anderen Besucher uns so blöd angucken.

Und, was machen wir?

Natürlich noch lauter schreien, na ja, viel mehr schreie ich, denn meinem Schatz wird es langsam peinlich. Mir nicht, ich finde das geil☺

Auf dem See wo sich das Wasser sammelt, werden auch Bootsfahrten angeboten. Wir beobachten ein Boot wie es hin und her geschaukelt wird. Ne, ne, lass mal stecken das brauchen wir beide nicht.

So, jetzt aber auf zum Titisee.

Nachdem wir losgefahren sind erwartet uns erstmal eine sehr lange und holprige Baustelle. Leider haben wir da eine Radkappe verloren, was wir aber erst viel später feststellen.

Hallo? Nur eine Radkappe? Da sind wir doch eigentlich mehr gewohnt. Oder ?

Nun, das schlimmste kommt ja noch.

Denkt nur nicht das was wir bisher in Italien erlebt haben war schon der hammer.

Nein, es kommt noch viel dicker.

Glaubt mir, ihr könnt echt gespannt sein.

Am Titisee angekommen staunen wir nicht schlecht, denn so klein haben wir ihn uns nicht vorgestellt. Aber jetzt suchen wir erstmal den

Campingplatz auf den wir uns vorher ausgeguckt haben. OK, da ganz oben auf dem Berg ist er, meint unser Navi.

Großer Gott, geht das steil aufwärts.

Unser Heku gibt wirklich alles um da hoch zu kommen. Am liebsten wäre ich ausgestiegen um ihn anzuschieben. Geht aber leider nicht denn wenn ich aussteigen würde wäre es ein Tritt ins Leere. So was von einem schmalen Weg, einfach unfassbar.

Hm, hätte wahrscheinlich sowieso nicht geklappt mit dem anschieben☹

Als wir endlich oben angekommen sind finden wir einen sehr schönen Campingplatz mit einem grandiosen Ausblick vor. Alles gut, aber jetzt stellt sich uns die Frage wie wir denn mit den Rädern den Berg runter kommen, geschweige denn wieder rauf?? Der Fall ist für uns klar, wahrscheinlich haben die hier oben einen eigenen Campingstaat gegründet, mit der Parole, dass keiner den Platz verlässt. Also, nichts wie weg hier, nachher lassen die uns hier auch nicht mehr weg. Man weiß ja nie!!

Jetzt geht es wieder den Berg runter.

Mein kleines Herz bleibt fast stehen vor Angst, denn es geht unglaublich bergab. Hoch zu fahren war ja schon so was von dramatisch, aber die Fahrt wieder hinunter toppt das noch um längen. Mit ganz dünner piepsiger Stimme meine ich erwähnen zu müssen das wir gleich nach vorne rüberkippen. Michael lacht sich natürlich über mich schlapp.

Endlich sind wir wieder unten und sind doch nicht nach vorne rübergekippt. Puh !

Aber ich sage euch das war echt knapp, da kann mir Michael erzählen was er will. So, jetzt müssen wir ja irgendwo einen Platz für uns finden. Es soll da noch einen Wohnmobil Stellplatz geben der leider ein bisschen vom Ort entfernt ist. Als wir ihn gefunden haben schauen wir uns ein wenig ratlos an, ein riesiger leerer Platz bietet sich unseren Augen. Keine Sanitäre Anlage, kein Strom und nicht „EIN" anderes Wohnmobil, nicht mal ein ganz kleines☹ Es gibt nicht mal einen Parkautomaten sondern nur ein Schild wo drauf steht, dass irgendwann jemand zum   Kassieren kommen wird. Da wir keine andere Möglichkeit sehen bleiben wir ganz allein da stehen.

Irgendwie unheimlich.

Da wir neugierig auf den Ort sind marschieren wir erstmal los, und finden eine lange, lange Straße mit vielen Geschäften vor, wo man unter anderem auch Kuckucksuhren in allen Variationen kaufen kann. Das Interessanteste ist der Weihnachtsschmuck den es hier zu kaufen gibt. Wir haben Sommer! Und nicht zu vergessen die Japaner! Überall wo man hinsieht Japaner mit Kamera. An alle ein kleiner Tipp. Spart euch das viele Geld um nach Japan zu fliegen und Japaner sehen zu wollen☺ So, jetzt setzen wir uns erstmal schön draußen hin und essen etwas. Mein Schatz bestellt sich natürlich eine Vesperplatte weil das für diese Region typisch ist. Ich bestelle mir einen großen Salat mit Putenbruststreifen. Ja, ich weiß, ich bin ein Kulturbanause, aber da kann ich mit leben. Ach, ist es denn wahr, es fängt an zu regnen. Grrr...! Später machen wir es uns im Heku gemütlich denn es hört nicht auf zu regnen☹

Wir sind immer noch die Einzigen auf diesem großen Platz, warum nur?

Sagte ich schon dass ich das unheimlich finde? Spät abends, ca. 23.00 Uhr hören wir mehrere Autos auf dem Platz herumfahren. Sie drehen immer wieder ihre Runden um uns herum und haben laute Musik an. Hilfe, meine ich zu Michael, wenn die uns etwas tun wollen. Mein Schatz gibt sich natürlich obercool und meint das die nur mal kommen sollen. Was sie dann aber Gott sei Dank nicht taten! Irgendwann sind sie wieder abgehauen. Diese Doofen, jetzt kann ich nicht mehr schlafen weil ich mir natürlich überlege was alles hätte passieren können.

Am nächsten Morgen, es war noch gar nicht richtig hell und wir liegen noch im Bett, hören wir wie es an unserer Tür klopft. Das sind die wieder von gestern Abend, flüstere ich Michael leise und ängstlich zu. Quatsch, meint der nur und ruft laut wer da denn ist. Mein einziger Gedanke, wo ist denn nur das Loch wo ich reinkriechen kann.

Männer sind ja so… mutig!

Es ist nur der Platzwart der für die Nacht kassieren möchte. Um diese Tageszeit?? Der hat ja wohl einen Vogel!!

Dieser Platz ist wirklich nichts für Menschen mit einem schwachen Herzen und da wir alles am und um den Titisee gesehen haben und wir so eine Nacht, vor allem ich, nicht noch mal haben müssen beschließen wir weiter zu fahren. Gemütlich fahren wir „ohne" Zwischenfälle nach Hause und ärgern uns dass wir keine Kuckucksuhr gekauft haben. Kleiner Scherz! Wenn ich mir vorstelle so eine Uhr in der Wohnung zu haben, wo jede Stunde der blöde Vogel rauskommt und Kuckuck ruft, glaubt mir, der hätte so was von verloren!

Als wir wieder zu Hause sind haben wir uns endgültig entschieden den Heku nicht mehr „unseren Traum" zu nennen.

Leider Gottes haben wir nämlich wieder Probleme mit dem Auto. Das Getriebe!!!

Jetzt haben wir absolut die Schnauze voll!!

Wir bringen unseren ehemaligen „Traum" wieder zu unserem „netten Herrn Sch…". Natürlich wollen wir unser Geld zurück und er soll mit dem Auto machen was er will. Von uns aus kann er sich das Auto unter sein Bett nageln. Macht er natürlich nicht, was ja eigentlich klar war. Ich meine uns das Geld wiedergeben.

Erstmal bleibt das Auto bei ihm auf dem Hof stehen und wir versuchen mit rechtlichen Mitteln gegen ihn vorzugehen. Nach einigen Stressigen Wochen hin und her, in denen wir leider noch nichts erreichen konnten, ruft unser „netter Herr Sch…" an.

Was jetzt kommt ist kein Witz, ist echt passiert.

Er meint doch in allem Ernst, dass er es ja „ nur gut" mit uns meint und erklärt uns, dass er in Insolvenz ist.

Doch bevor unser Auto auch noch beschlagnahmt wird, sollen wir es so schnell wie möglich holen. Was meint ihr wie schnell wir da waren und aus lauter Mitleid ist unser Heku auch sofort angesprungen. Wir denken dass er auch schnell da weg wollte.

Sehr schön, jetzt haben wir ihn wieder auf dem Hof stehen. Mit kaputtem Getriebe.

BÄH!

Nach vielen Überlegungen schauen wir uns nach einem Wohnwagen um. Die sind ja bestimmt auch ganz schön und im Moment ist das für uns die günstigste Alternative, obwohl Michael bei dem Gedanken ein ziemlich saures Gesicht zieht. Jetzt müssen wir nur noch einen Händler finden der uns das Auto auch so abnimmt.

Unser BMW 520 würde es auch gut schaffen einen Wohnwagen zu ziehen. Wir müssen ja nur an unserem Auto eine Anhängerkupplung einbauen lassen die wir, wie kann es auch anders sein, nicht haben. Bei einem Reisemobilhändler in Herford werden wir auch fündig. Ein sehr schöner Wohnwagen der Marke Südwind soll es sein. Nach einigem Hin und Her kommen wir auch ins Geschäft und tauschen unseren ehemaligen „Traum" gegen Wohnwagen.

Wir schreiben das Jahr 2008/ Frühjahr

Unseren ersten Urlaub mit dem Wohnwagen, der eine Woche dauern soll, möchten wir in Cuxhaven verbringen. Bloß nicht soweit wegfahren, meint mein Schatz, da wir ja erstmal testen müssen wie schnell man voran kommt. Ach du liebe Güte, gleich nach der Abreise geht es schon los mit dem Fluchen. Man ist ja so langsam unterwegs und muss hinter oder zwischen den LKW bleiben. Das ist ja gar nichts für meinen Michael und für mich auch nicht denn auf dieses viele Fluchen und die etlichen Schimpfwörter kann ich gerne verzichten. Tja, die können alle echt kein Auto fahren „nur" Michael fährt immer richtig. Entschuldigung Michael aber das konnte ich mir jetzt nicht verkneifen. Obwohl ich ihm recht geben muss, denn viele Autofahrer können es wirklich nicht. Auf dem Campingplatz geht es gleich weiter mit dem Ärger. Ach Gott, dass Abhängen und Aufbocken usw. und überhaupt ist das alles doof!

Es geht doch nichts über ein Wohnmobil!!

Also fahren wir nach unserem Urlaub wieder zu dem Reisemobil Händler nach Herford.

Nein, leider hat er im Moment nichts geeignetes für uns da, aber in zwei Wochen bekommt er einen Sloop 1 rein und er meldet sich sobald er da ist.

Nach ca. zwei Wochen fahren wir ganz aufgeregt und voller Spannung wieder dorthin.

Und da steht er, in einem wunderschönen Blau. 6,00 m lang, ein festes Bett, Pilotsitze, quasi genau was wir uns vorgestellt haben. Baujahr 2006 und keine einzige Macke, nicht ein mal den kleinsten Kratzer.

Noch nicht!

Gesagt getan, wir tauschen wieder Wohnwagen gegen Wohnmobil und diesmal ist mein Michael am Strahlen wie ein Honigkuchenpferd.

Ach ja, unseren BMW haben wir nun auch verkauft da wir uns ja mit diesem Wohnmobil bequem überall bewegen können.

Es ist Februar und der Sloop steht jetzt seit einer Woche auf unserem Hof. Plötzlich tritt etwas ein was einfach unfassbar für uns ist. Ein Hagelunwetter wie wir es hier noch nicht erlebt haben prasselt auf unser neues Auto. Wir können ihm nicht helfen und müssen machtlos zusehen.

Ja, ein astreiner Hagelschaden und nachdem wir bei unserer Autoversicherung angerufen haben kommt ein Gutachter um sich den Schaden anzusehen. Nein meint er, so viele Beulen hat er noch nicht gesehen.

WIR AUCH NICHT !

Nachdem wir das Gutachten bekommen haben suchen wir einen sogenannten Beulendoktor auf.

Nach ca. 400 Beulen hört er auf zu zählen, es sind einfach zu viele, das hat ja keinen Zweck, meint er. Jetzt geht es an die Arbeit und es werden etliche Beulen rausgedrückt, aber leider nicht alle. Schließlich kann der Sloop sich wieder einigermaßen sehen lassen. Man darf nur nicht so genau hinsehen.

Es wird Sommer und wir wollen wieder nach Italien.

Mit viel Glück bekommen wir noch einen Platz ziemlich in der Mitte auf unserem Campingplatz Capalonga.

Das gefällt uns aber gar nicht ☹

Wir fahren noch einmal herum und siehe da, wir entdecken dass unser Lieblingsplatz in der Nähe vom Waschhaus und unserer Lagune noch frei ist. Mein Schatz meint ich solle doch schnell nach vorne zur Rezeption laufen und alles umändern, weil er ja vorsichtshalber da stehen bleiben muss, damit kein anderer den Platz bekommt. Ich möchte eigentlich gerne erst mein Fahrrad vom Auto haben, da es bis zu der Rezeption doch etwas weit ist. Der Einwand von Michael, dass es doch zu lange dauern würde, lässt mich nun doch laufen. Es sind gefühlte 45 Grad, aber was macht man nicht alles. Also renne ich los und ändere alles um. Wieder an unserem Platz angekommen brauche ich erstmal ein Sauerstoffzelt und ärgere mich über meine eigene Dämlichkeit.

Es wäre noch Zeit genug gewesen, so die Dame an der Rezeption. Das soll man auch wissen. So was Blödes!

Ach es ist einfach Traumhaft hier und wie bei unserem letzten Aufenthalt unternehmen wir sehr viel. Im Mare macht Michael mir immer gerne Angst vor dem weißen Hai. Ich wäre sowieso nicht so weit rausgeschwommen aber jetzt erst recht nicht mehr. Nach ca. einer Woche drehe ich nachmittags alleine eine Runde mit dem Fahrrad um den Platz, weil es meinem Schatz zu warm ist. Quatsch, er hat einfach keine Lust. Ich bin halt immer etwas unruhig und muss was unternehmen. Als ich am Mare stehe und mir den Himmel anschaue, kriege ich irgendwie ein komisches Gefühl im Bauch. Irgendetwas stimmt hier nicht. Der Himmel sieht so gelb aus. Es ist alles so ruhig, kein Luftzug und es ist unheimlich schwül. Erstmal wieder zu Michael. Sicher ist sicher. Vor uns, direkt an der Lagune, hat eine Italienerin ihren Wohnwagen stehen und sie ist gerade damit beschäftigt, alles was draußen steht, ins Vorzelt zu schaffen. Ich gehe auf sie zu und deute auf die Lagune und den nun komisch grün gewordenen Himmel.

Mit großen Augen versucht sie mir zu erklären das es bald WUSCH macht.

Sie macht quasi alles Sturmklar.

Aus dem komischen Gefühl in meinem Bauch sind jetzt Bauchschmerzen geworden. Als ich

Michael alles erzähle meint er nur das da gar nichts passiert und wenn ein Gewitter oder heftiger Wind kommt, haben wir doch zur Vorsicht die Sturmbänder über die Markise gespannt. Alles ist sicher. Hm! OK, aber ich nehme vorsichtshalber schon mal die Kamera und das Handy mit ins Auto. Kaum bin ich im Auto schreit Michael schon los.

Es macht mit voller Wucht „ wusch"!

Das „sichere Sturmband" fliegt uns um die Ohren und voller Panik schaffen wir es irgendwie die Metallenden zu fangen und fest zu halten, denn wenn die ans Auto schlagen wäre das nicht so toll.

Der Tisch, die Stühle und die Fahrräder sind auch nicht mehr da wo sie eben noch standen. Das Getöse ist unglaublich und raubt uns den Atem. Krach, der linke Arm der Markise bricht und wir versuchen sie mit aller Kraft wenigstens ein bisschen rein zu drehen.

Rums! Jetzt kommt es noch dicker.

Tischtennisball große Hagelkörner dreschen auf uns nieder. Hört das denn nie auf? Nichts wie ins Auto, der Krach über und um uns ist kaum auszuhalten. Michael sitzt auf dem Fahrersitz und hofft das die Frontscheibe heile bleibt.

Ich sitze hinten auf der Bank, oder habe ich am Fenster gestanden? Keine Ahnung mehr, jedenfalls hoffe ich das gleiche. Kann ja nicht schaden!

Ein solches Unwetter haben wir noch nicht erlebt.

Mittlerweise kennt ihr uns ja dafür dass wir nur das volle Programm nehmen. Wieder einmal müssen wir machtlos zusehen wie unserer Sloop vom Hagel zerschmettert wird. Wieder fragen wir uns was wir eigentlich verbrochen haben.

Nennen wir es Schicksal, denn wenn wir in der Mitte vom Campingplatz geblieben wären, hätte es uns nicht so stark getroffen.

Aber wir wollten ja unbedingt zu unserer Lagune die uns nun, wie ich bereits schon erwähnte, viel Schaden zugefügt hat.

Das ganze Spektakel dauert ungefähr 15 min. und nachdem wir ziemlich fertig aus dem Auto steigen, stehen wir bis zu den Waden im Wasser und Hagelkörnern.

Um uns herum ist alles verwüstet.

Eigentlich hatte ich ja vor uns heute ein leckeres Steak zu braten, aber der Appetit ist uns gründlich vergangen. Der Anblick der sich uns bietet ist einfach nur zum Schreien.

Unser armes Auto sieht furchtbar aus, denn es ist nur so von großen Beulen und Pinienzweigen übersäht. Von der Markise will ich gar nicht reden, wie sie so schief wegen dem gebrochenen Gelenk da hängt aber da müssen wir uns Morgen drum kümmern, denn jetzt trinken wir erst mal aus Verzweiflung ein Bier.

Am nächsten Tag fahren wir nach Bibione um uns eine Bescheinigung zu besorgen, dass sich der Hagelschaden auf dem Campingplatz zugetragen hat.

So hat es uns der Mann von der Versicherung geraten, den wir natürlich gleich nach dem Unwetter angerufen haben.

Glaubt mir, wir waren nicht die einzigen die sich eine Bescheinigung besorgten. Nachdem wir uns noch ein paar Tage erholt haben, fahren wir mit dem Armen demolierten Sloop wieder nach Hause. Und wieder ab zum Beulendoktor.

Nach der Behandlung sieht er wieder fast wie neu aus.

Kleiner Scherz !

Wir schreiben das Jahr 2009 / Frühjahr

Es ist Anfang Mai und da wir beide eine Woche Urlaub haben geht es ab nach Kiel. Dort soll es einen prima Stellplatz geben der sich Nordmole Kanal Fördeblick nennt. Wir finden einen schönen Platz direkt am Wasser und mit Blick auf die Schleuse. Bei strahlendblauem Himmel können wir all die großen Schiffe bestaunen die hier durchgeschleust werden. Riesige Tanker sind dabei und an einem steht sogar Panama dran. Dann kommt auch noch ein besonderes Highlight. Das Clubschiff Aida fährt in seiner ganzen Pracht an uns vorbei.

Echt klasse was man hier geboten bekommt.

Einen Morgen gehe ich Brötchen holen und Michael deckt in der Zeit den Frühstückstisch. Da sehe ich schon von weitem einen großen Hund, aber weit und breit ist niemand zu sehen der dazu gehört. Das wäre ja eigentlich nicht so schlimm, aber er ist nicht angeleint. Au Mann, was mache ich denn jetzt? Ihr könnt euch doch bestimmt noch erinnern dass ich große Angst vor Hunden habe.

Diese Angst hat sich leider nach unserem Horrorerlebnis in Italien wieder bei mir eingeschlichen.

Erstmal vorsichtshalber einen Moment stehenbleiben. Vielleicht haut er ja gleich von alleine ab.

DENKSTE!

Da legt der sich doch in aller Seelenruhe hin. Kommt mir fast so vor als wenn der nur auf mich wartet. So ein blöder Hund! Ne, ne, ne, ich gehe wieder zum Auto, soll Michael doch Brötchen holen. Oh, meint er, du bist aber schnell wieder da, aber wo sind die Brötchen? Als ich ihm die schwierige Situation geschildert habe macht er sich lachend und mit dem Kopf schüttelnd auf den Weg. Soll er nur lachen, ich setze mein Leben jedenfalls nicht so leichtfertig aufs Spiel. Pah! Am nächsten Tag wollen wir mit den Rädern in die Kieler Innenstadt fahren. Unser Stellplatz befindet sich leider etwas außerhalb. Das ist ja meistens so, was ich bis heute nicht verstehen kann. Es ist ein bisschen bedeckt, darum nehmen wir vorsichtshalber unsere Regenjacken mit. Weit sind wir nicht gekommen! Als es wie aus Kübeln anfängt zu Regnen, schaffen wir es gerade noch uns unter ein Bushäuschen zu stellen. Tja, es hört und hört nicht wieder auf. Michael möchte jetzt gerne eine Zigarette rauchen. Geht aber nicht weil er vergessen hat sich ein Feuerzeug einzustecken. Leider kann er auch niemanden um Feuer bitten, denn bei diesem Wetter läuft hier natürlich keiner rum. Außer wir, was ja wieder mal klar war! Ich höre ihn heute noch fluchen.

Nachdem wir nach ca. einer halben Stunde einsehen dass es nicht die Anstalten macht aufzuhören, begeben wir uns auf den Rückweg, nutzt ja nichts.

Klatschnass kommen wir wieder auf den Stellplatz an. Na, das hat sich ja gelohnt! Zum Abend bestellen wir uns eine Pizza die direkt ans Auto geliefert wird.

Etwas Luxus muss auch mal sein☺

Am nächsten Tag ist wieder Wetter und wir machen uns auf den Weg um uns Kiel an zu schauen. Es ist auch wirklich eine tolle Stadt mit einem großen Hafen. Zu unserer großen Freude sehen wir die Aida auch wieder die gerade hier vor Anker liegt und wir können sie uns jetzt aus der Nähe ansehen.

In der Innenstadt, auf dem großen Marktplatz, sind viele Stände aufgebaut und eine gewisse Biergartenatmosphäre lässt uns an München denken. Ja, es hat sich wirklich gelohnt hierher zu fahren. Nachdem wir etwas gegessen und getrunken haben verlassen wir wieder diese schöne Stadt. Leider müssen wir nun auch wieder nach Hause denn die Woche ist leider schon um. Aber bis zu unserem Sommerurlaub dauert es ja auch nicht mehr lange.

Besser ist das!

Aber bevor wir in den Sommerurlaub starten machen wir noch einen Kurztrip von 4-5 Tagen nach Cuxhaven. Das Wetter ist zwar nicht so schön wie es eigentlich für diese Jahreszeit sein sollte aber das ist uns egal. Hauptsache ein paar Tage etwas anderes sehen. Wir haben ja genug Platz und es wird für jedes Wetter Kleidung und Schuhe eingepackt.

Die Betonung liegt auf Kleidung und Schuhe!

Nachdem alles verstaut ist geht es los. Den Campingplatz in Cuxhaven Duhnen haben wir schon sehr oft besucht, denn man kann von Duhnen wunderbar mit dem Rad nach Cuxhaven hineinfahren. Ich ziehe mir immer Turnschuhe zum Radfahren an, aber Michael trägt lieber Schlappen. Natürlich die guten von Björndal!

Am dritten Tag wird es merklich kühler und Michael meint, dass ich ihm doch bitte seine Schuhe heraus suchen solle. Nach mehrmaligem nachschauen finde ich aber keine Schuhe von ihm. Sicher habe ich alles eingepackt, aber bin ich für seine Schuhe verantwortlich? Ich habe ein Paar Schlappen, zwei Paar Turnschuhe und ein Paar Stiefel mit. Das ist ja nun wirklich nicht zuviel für 4-5 Tage, oder?

Wenn Blicke töten könnten wäre ich jetzt dahin.

Nein, das ist doch nicht so schlimm meint er nun, ich habe ja genug Socken mit, oder??

Sorry, aber ich muss mal eben ganz dringend aufs Klo, ist meine leicht panische Antwort. Wir haben das Problem dann doch noch gelöst, indem er von mir ein paar Socken bekommen hat, denn ich hatte komischerweise genug mit. Ich lege ihm natürlich auch nah das er sich doch einfach ein paar Schuhe kaufen soll.

Aber nein!

Donnerwetter kann der bockig sein☹

Na, dann soll er doch von mir aus, trotz drei Paar Socken, kalte Füße kriegen. Ein Gutes hat es ja gehabt, denn jedes Mal, wenn wir irgendwo hinfahren, achtet er peinlichst genau darauf das er genug Socken und Schuhe dabei hat☺

Wir schreiben das Jahr 2009 / Sommer

Diesmal wollen wir unseren Sommerurlaub in Schweden verbringen. Nun ja, eher Michael, ich halte mich da eher ein bisschen bedeckt.

Da er nicht davon abzubringen ist und mich mittlerweile auch überzeugt hat, dass Schweden super ist, das hat er ja echt gut drauf, stecken wir uns eine Route.

Man kann ja nicht so planlos in Schweden rum fahren, da muss man sich schon einige Ziele setzten.

Von Travemünde aus geht es los.

Wir fahren mit der Fähre Peter Pan nach Trelleborg, ca. 7 Std. soll die Überfahrt dauern. Ist schon beeindruckend als wir endlich voller Erwartungen mit unserem Sloop auf die Fähre fahren.

Wir haben sogar ein aufblasbares Kanu mit denn in Schweden gibt es ja viele Seen.

Hm, mal sehen ob es auch zum Einsatz kommt?

Die große Fähre ist sehr beeindruckend und natürlich schauen wir uns erstmal alles neugierig an.

Okay, nach einer Stunde haben wir alles gesehen.

Weil wir auf der Fähre etwas essen wollen haben wir unseren Proviant im Auto gelassen.

Da es Schwedische Küche gibt sind wir schon sehr gespannt wie es schmeckt und Michael ist schon wieder aufgeregt wie ein kleiner Junge, denn er hat einen riesigen Kohldampf.

Tja, leider hat es uns gar nicht zugesagt und vor allem Michael war ziemlich enttäuscht.

Da es ein Fährschiff mit einer Kantinenküche ist, kann man es mit einem Restaurant nicht so wirklich vergleichen. Ich versuche ihm zu verstehen zu geben, dass er nicht all zu viel erwarten soll, aber da redest du ja gegen eine Wand.

Ich hatte schon mit so etwas gerechnet, denn die Geschmäcker sind ja Gott sei dank verschieden, aber das hat er mir wieder nicht geglaubt.

Typisch!

Mein lieber Herr Kanalarbeiter sieben Stunden auf einem Fleck, das ist ja gar nichts für mich, nur Wasser und man sieht nicht einmal andere Schiffe die für Abwechslung sorgen würden. Neben Hunger und Durst, da wir ja zu Mittag nicht wirklich viel gegessen haben, macht sich auch Langeweile in uns breit. Aber wir haben ja alles im Auto gelassen, wo wir jetzt natürlich leider nicht mehr aus Sicherheitsgründen hin dürfen

So ein Mist!

Endlich kommen wir erschöpft vom nichts tun in Trelleborg an. Für die siebenstündige Überfahrt wäre ich lieber Steine kloppen gegangen, das wäre bestimmt aufregender gewesen aber das kann man ja vorher nicht wissen.

So, auf zu unserem ersten Campingplatz den wir um ca.18.00 Uhr erreichen. Markise raus, Stühle und Tisch aufstellen und wie kann es auch anders sein, es fängt an zu regnen☹ Auf der Wiese vor uns steht ein kleines Zelt und daneben ein Ford Kombi. Da wir einen sehr guten Beobachtungsposten haben sehen wir wie die Eltern mit zwei kleinen Kindern in dem winzigen Zelt hocken.

Die Armen haben bestimmt auch nicht mit Regen gerechnet. Spät abends bemerken wir ganz zufällig dass der Vater sich zum Schlafen ins Auto legt.

Das kann doch wohl auch nicht im Sinne des Erfinders sein.

Nun denn, jeder wie er mag.

Am nächsten Tag machen wir erstmal eine Erkundungstour mit den Rädern. Wir fahren sehr, sehr lange über Wiesen und Felder. Da kommen wir auch an einer riesigen Wiese vorbei die nur so von großen Steinen übersät ist. Sieht fast wie ein Steinfriedhof aus.

Im Ernst, voll cool.

Ein paar Tage später erreichen wir den Möcklesee. Donnerwetter ist der groß. Das Wetter spielt jetzt auch wieder mit, wo man im Sommer ja immer nicht so von ausgehen kann! Es ist schön warm, aber ans schwimmen gehen, kann man nicht denken. Der See ist Arschkalt!

Eines morgens kommt Michael ganz aufgeregt vom Brötchen holen wieder und offenbart mir, dass er für den Nachmittag 14.00Uhr ein Kanu gemietet hat. Mit 100 Fragezeichen im Blick schaue ich ihn an. Wir haben doch ein Kanu mit, meine ich erwähnen zu müssen. Ach, bis wir das ausgepackt und aufgeblasen haben. Das ist doch viel zu mühselig, ist sein Kommentar.

Faulheit, dein Name ist Mann!!

Mit Schwimmwesten ausgerüstet starten wir nun unsere erste Kanufahrt in Schweden.

Wind kommt auf!

Gemütlich paddeln wir erstmal drauflos.

Einmal rechts, einmal links und immer wieder einmal rechts, einmal links. Nebenbei bemerkt, noch macht es uns richtigen Spaß.!

Upps, jetzt sind wir aber schon ziemlich weit draußen.

Es wird stürmisch!

Mir wird ganz mulmig weil das Kanu ganz doll anfängt zu wackeln. Da ich vorne sitze kann ich Michael sein Gesicht leider nicht sehen, aber ich wette ihm ist auch mulmig. Wir paddeln wie die

Bekloppten und Michael schreit immer wieder, Maus rechts, Maus links.

Nach zig malen Maus rechts, Maus links, schreie ich nach hinten:

„Wenn du noch einmal Maus rechts, Maus links schreist haue ich dir das dämliche Paddel um die Ohren"!

Leute, ich habe echt gedacht wir kippen um und ich könnte beide Hände dafür ins Feuer legen das mein Schatz das auch gedacht hat, was er natürlich später nicht zu gibt.

Auch wieder typisch.

Endlich wieder an Land mache ich den Vorschlag doch ein Ruderboot zu nehmen, denn wir haben ja schließlich für drei Stunden bezahlt, was wieder typisch ist für mich.

Warum nicht, meint er.

Ach, er ist ja so süß! Nun sitzen wir im Ruderboot. Ja, das ist genau mein Ding, entspannt lehne ich mich mit der Kamera zurück und genieße. Michael muss natürlich Rudern. Da entdecke ich eine kleine Insel, die weiter weg liegt.

Wollen wir da nicht hin, frage ich ihn?

Ein böser Blick und die Worte, du hast wohl einen Vogel, treffen mich.

Jetzt mache ich erstmal ein Foto von ihm, er sieht ja so niedlich aus wie er da so angestrengt vor sich hin rudert.

Irgendwie habe ich das Gefühl, dass es ihm keinen Spaß macht.

Als ich dann auch noch froh gelaunt „ pull Sklave, pull"! rufe, ist es ganz vorbei.

Missmutig rudert er zurück, es ist einfach zu anstrengend. Somit ist das Thema Boot fahren erstmal abgehakt. Ich könnte mich totlachen.

Jetzt sind wir schon eine Woche in Schweden und haben immer noch keinen Elch gesehen.

Schilder mit einem Elch drauf stehen ja genug überall herum.

Die verstecken sich bestimmt alle, damit wir bloß keinen sehen, also bleibt uns nichts anderes übrig, als zu einem Elch Park zu fahren.

Endlich sehen wir Elche, aber glaubt bloß nicht das die für uns aufgestanden sind.

Kannste vergessen.

So eine faule Bande haben wir noch nicht gesehen, aber trotzdem machen wir Fotos.

Ja, wir fahren noch ein paar Campingplätze an und es ist Landschaftlich wirklich sehr schön, aber abends ist überall früh Schluss und man sieht nicht wirklich Menschen.

Wo sind die denn bloß alle??

Nun wir haben ja noch den Fernseher.

Aber keinen Empfang!

In ganz Schweden, keinen Empfang!

Mittlerweile sind wir in Göteborg angekommen und erkundigen uns nach einer Fähre die uns wieder in unser geliebtes Land bringen soll wo, wie Michael immer so schön zu sagen pflegt, Milch und Honig fließt.

Das Essen und Trinken ist nämlich sehr Gewohnheitsbedürftig. Erstens ist es nicht gerade günstig und zweitens sagt es uns nicht wirklich zu. Außerdem möchten wir auch gerne wieder unsere Sprache hören, denn mit den Schwedischen Lauten können wir echt nichts anfangen.

Das sagen die von uns bestimmt auch!

Wer wirklich die Ruhe sucht ist hier bestens aufgehoben, denn die gibt es mehr als genug.

Fazit ist das wir exakt im falschen Land gelandet sind.

Habe ich doch gleich gesagt, Ha, Ha.

Um es mal zu erklären, für die Überfahrt von Travemünde nach Trelleborg haben wir 60.-EUR. bezahlt und für die Überfahrt von Göteborg nach Dänemark wollen die 240.-EUR. haben.

Die sind ja echt gut drauf!

Somit ist es für uns beschlossene Sache mit dem Auto nach Dänemark zu fahren.

Die Fahrt zurück über die Brücken war so was von faszinierend und wir haben unsere Entscheidung nicht bereut.

Tja, entweder liebt man Schweden oder man hasst es. Nun, hassen tun wir es nicht, aber hinfahren tun wir bestimmt nicht wieder.

Übrigens haben wir das Kanu unbenutzt wieder mit nach Hause genommen!

Wir schreiben das Jahr 2010

Diesen Sommer haben wir etwas ganz besonderes vor.

Wir fahren nach Kroatien und da wir drei Wochen zur Verfügung haben wollen wir auf dem Rückweg über Wien nach Hause fahren.

In Wien lebt nämlich unser Neffe Christian mit seiner Freundin und wir möchten sie gerne mit unserem Besuch überraschen, da wir es schon lange versprochen haben und nun möchten wir es endlich mal wahr machen. Aber erst mal ab nach Kroatien und das Wichtigste haben wir auch eingepackt.

Wasserschuhe !

Warum sind die das Wichtigste?

Bitte lest, denn es ist eine sehr lustige Geschichte, na ja, für Michael ist es nicht ganz so lustig.

In Kroatien fahren wir erstmal runter bis nach Medulin und finden dort einen tollen Campingplatz. Wir stehen quasi direkt am Meer und die Aussicht ist grandios. Überall sieht man kleine Inseln und das Wasser ist glasklar. Stellt euch vor, ihr geht morgens zum Waschhaus, putzt euch die Zähne und schaut dabei auf das Meer während die Sonne aufgeht.

Dabei werden das Meer und die Umgebung in den schönsten Farben eingetaucht.

Wie super ist das denn?

Eine Sache ist wirklich erstaunlich, denn es gibt hier nicht eine Mücke. Nicht das ich sie vermissen würde, aber ein bisschen seltsam ist das schon!

Nachdem wir uns erstmal alles angeschaut haben geht es ins warme Wasser.

Natürlich haben wir unsere speziellen Wasserschuhe an und gehen vorsichtig, weil der Grund mit verschieden großen Steinen übersät ist.

Oh, denke ich, was ist den das schwarze auf dem Grund?

Seeigel, alles voller Seeigel!

Als ich Michael sage das er aufpassen soll, bekomme ich nur zu hören das es totaler quatsch ist. Hier gibt es doch keine Seeigel? Da will er sich doch tatsächlich hinsetzen!! Ich schreie laut auf und er erschreckt sich so sehr das er beinahe fällt. Zum Glück knickt er nur mit dem Fuß um. Man gut das er mich hat. Nun ist es bei diesen Wasserschuhen aber so dass man an den Seiten keinen Schutz hat. Erstmal wieder raus aus dem Wasser. Aber warum humpelt mein Schatz denn?

Jetzt kann ich mir aber was anhören, so was wie, das ich Schuld bin, usw.

Bla, Bla, Bla.

Der linke Fuß ist voller Seeigelstachel!

Meine Güte, meine ich bemerken zu müssen, wenn ich nicht gewesen wäre hättest du die Stacheln jetzt woanders. Stell dir vor du hättest dich hingesetzt? Ich konnte mein Lachen kaum noch unterdrücken, was mir bitterböse Blicke einbrachte.

Unsere Nachbarn, die das Theater mitbekommen haben, kamen sofort zu uns und gaben uns eine Lupe und eine Pinzette.

So etwas hatten wir natürlich nicht mit, wer kann denn auch ahnen dass wir einmal eine OP vornehmen müssen. Nach einer etwas längeren OP, da wir ja immer eine Schmerzpause machen müssen, sind die meisten Stacheln entfernt.

Männer sind in Sache Schmerz echte Weicheier.

Wenn die Kinder kriegen müssten wäre die Menschheit schon längst ausgestorben! Na ja, nach einem Jahr ist der letzte Stachel auch raus geeitert.

Trotz alledem verbringen wir noch eine wundervolle Zeit in Kroatien.

Der nächste Campingplatz den wir anfahren möchten ist in Porec`. Alter Schwede, unser Stellplatz befindet sich ganz oben. Aber hier geht es bei weitem nicht so steil bergauf wie am Titisee, was uns sehr beruhigt. Nachdem wir alles klar gemacht haben wird erstmal die Lage gepeilt. Von unserem Platz aus führen etliche Stufen hinunter zum Meer. Man kann aber auch bequem mit dem Fahrrad hinunter fahren. Wieder hoch ist es jedes Mal eine enorme Herausforderung.

Ich muss immer auf halber Strecke absteigen, aber mein Michael, da er ja so drahtig und sportlich ist, schafft es bis nach ganz oben. Ja, bis ich dann bei ihm angekommen bin hat er genug Zeit zum Luftholen gehabt und denkt doch allen ernstes, das ich nicht merke, wie kurz er vor einem Kollaps gestanden hat. Typisch Mann, immer den Helden spielen wollen!

Als wir am nächsten Tag einen anderen Weg hinunter fahren erwartet uns eine Überraschung. Nudisten laufen uns über den Weg. Überall liegen oder laufen diese Nackten hier rum.

Vor Schreck wäre ich beinahe vom Fahrrad gefallen. Michael guckt in diesem Moment genauso verwirrt wie ich. Nach näherem hinschauen erkennen wir auch eine gewisse Abtrennung. Es wurden Hecken gepflanzt die allerdings erst ca. 50 cm hoch waren ?

Das muss einem Doofen auch erst mal gesagt werden.

Nun, jetzt wissen wir es und fahren da nicht mehr lang. Wir haben auch ein Schnorchelset mit und wollen es jetzt mal ausprobieren. Nachdem wir die geschätzten hunderttausend Stufen hinunter gegangen sind brauchen wir erstmal eine Pause. Bei älteren Leuten ist das halt so☺ Da das Wasser glasklar ist kann man bestimmt viele Fische sehen. Ich bin richtig aufgeregt. Ich fange zuerst an, weil wir leider nur ein Schnorchelset haben. Ha, den Kampf habe ich gewonnen. Michael will mir natürlich Ratschläge geben. Pah, dass kriege ich schon hin. Auf mit der Maske, Schnorchel in den Mund und los geht es. Gar nicht so einfach, denn ich habe sofort Wasser in dem Mund. Mein lieber Schatz lacht sich natürlich schlapp. Bäh. Ich habe das noch nie gemacht.

Meine Fresse, ich glaube, ich bin ganz grün vor Wut geworden weil ich mich über mich selber ärgere. Aber nach mehreren Versuchen kriege ich dann doch den Bogen raus.

Wäre ja wohl gelacht wenn ich das nicht hinkriegen würde. Meine Güte, es ist einfach toll, was man da alles zu sehen bekommt.

Da sehe ich eine schöne Muschel, nehme sie hoch und plötzlich kommt da ein Krebs raus. Was denkt ihr wie schnell ich den wieder fallengelassen habe. Der Krebs hat sich bestimmt über die Störung schrecklich geärgert. Hallo, ich hätte vor Schreck tot sein können! Man bemerkt beim Schnorcheln gar nicht wie schnell man weit draußen ist. Als ich es merke mache ich dass ich wieder zurück komme. Es soll hier ja keine Haie geben, aber sicher ist sicher.

Außerdem ist Michael jetzt dran. Ach ne, wer hat mich denn da vorhin ausgelacht? Mein Schatz braucht auch ein paar Anläufe, aber da ist natürlich das Schnorchelset schuld. Jetzt kommen solche Ausreden wie, von wegen zu klein, u. s .w. Dann klappt es aber auch bei ihm und wir wechseln uns immer wieder ab.

Es ist einfach der absolute hammer.

Wir genießen unseren Urlaub so sehr, als wären es die letzten Tage in unserem Leben. Ganz drollig ist es auch, wenn wir Essen gehen. Denn mittlerweile sind wir beide zu Kulturbanausen geworden. Wir haben ja wirklich schon einiges ausprobiert aber Michael isst jetzt immer Grillteller und ich Pizza.

Fragt jetzt bitte nicht warum, es ist einfach so.

Gut, ich will es euch erklären, so viel Zeit muss sein.

Einen Tag sind wir Essen gegangen und Michael hat sich wieder einmal einen Grillteller bestellt, weil er da bis jetzt die besten Erfahrungen gemacht hat. Ich hingegen probiere ja immer gerne aus. Wird mir auch immer wieder zum Verhängnis!

Also, Michael bestellt sich seinen obligatorischen Grillteller und ich bestelle mir Garnelen überbacken. Ich höre meinen Magen heute noch vor Hunger knurren.

Da kommt endlich mein Essen.

Es war einfach nur Bäh!

Ich habe es dann zurück gehen lassen.

Ganz große Klasse.

Ich könnte vor lauter Hunger ein Schwein rei-ßen. Da fällt mir ein das es auf dem Rückweg zum Campingplatz einen Dönerladen gibt. Gerettet. Noch einmal. Die Hoffnung ist die letzte Weißheit der Narren! Ich lasse mir einen Hamburger ma-chen, mit allem was dazu gehört. Als wir wieder auf unserem Platz sind beiße ich genießerisch hin-ein und muss sofort feststellen dass es nicht richtig durchgebraten ist☹

So, jetzt wisst ihr warum wir bei Grillteller und Pizza bleiben.

Langsam aber sicher rüsten wir uns für unsere Weiterfahrt.

Nun geht es zurück über Wien.

Da unser Neffe nicht weiß das wir kommen, wollen wir ihn überraschen. Meinem Michael packt schon wieder so ein Harakiri Anfall. Man erinnere sich an die Kanu Fahrt in Schweden.

Kaum das wir auf dem Campingplatz sind will er auch schon mit dem Fahrrad durch Wien zu Christian. Alle Gegenargumente meinerseits nut-zen nicht. Bei 34 Grad im Schatten und mit dem Navi ausgerüstet, radeln wir los. Nun muss ich dazu sagen, dass niemand in Wien mit dem Fahr-rad fährt, weil es sehr gefährlich ist und mit den S-Bahnen und U- Bahnen viel schneller geht.

Nur wir beiden Bekloppten fahren auf der Hauptverkehrsstrasse.

Einmal war es für mich sehr riskant, ich hätte quasi tot sein können, aber das hat mein Schatz nicht mal mitbekommen weil er wie ein Irrer vor mir fährt.

Als wir die Wohnung total durchgeschwitzt und ziemlich fertig endlich gefunden haben, ist Christian natürlich nicht da.

Bevor wir losgefahren sind habe ich noch gesagt dass wir ihn doch vorher wenigstens anrufen sollten ob er auch zu Hause ist aber mein Schatz meinte ja dass es dann keine Überraschung mehr ist. Toll! Und jetzt stehen wir hier wie die Idioten.

Also wieder zurück.

Kaputt wie tausend Mann ruhen wir uns erstmal aus.

Ich habe euch ja schon erzählt das es in Kroatien nicht eine Mücke gab. Ich war ja schon von Italien bedient und von daher war es ein richtiger Segen mal nicht gepiesackt zu werden. Nun, in Wien haben sich wieder alle Mücken versammelt und zum Angriff geblasen. Gleich am ersten Tag gefühlte 100 Stiche, da hilft auch kein Autan mehr. Diese Bestien sind Immun! Das Blödeste an diesen Mückenstichen ist, dass sie vor allem nachts am meisten jucken.

Ich sage euch, alles Absicht von diesen Bestien.

Ja, Wien ist eine Reise wert, wenn man mal von den Mücken absieht. Christian zeigt uns die schönsten Sehenswürdigkeiten wie z.B. den Prater mit seinem Kirmesrummel, Schloss Schönbrunn und noch einiges mehr. Gerne wären wir auch einmal mit dem Fiaker gefahren, aber für eine halbe Stunde 60,-EUR zu bezahlen war uns doch ein bisschen zu viel gewesen.

Direkt an der Donau haben wir in einem großen Biergarten ein WM Spiel auf einer riesigen Leinwand angeschaut. Welches es war weiß ich leider nicht mehr, ist auch egal.

Zurück zu unserem Campingplatz sind wir wieder mit der U-Bahn gefahren

Das muss ich allerdings nicht noch einmal haben. Leider musste unser Neffe mit seiner Freundin drei Stationen eher aussteigen. Das passte mir schon mal gar nicht. Mein Michael und ich nachts ganz alleine in der U-Bahn, es war wirklich kein anderer Mensch zu sehen.

Kennt ihr den Film American Werwolf?

Die Stelle unten in der U-Bahn, wo der Wolf so fürchterlich jault und sich den armen Mann schnappt, der auch ganz alleine war. Ich habe nur auf das schreckliche Jaulen gewartet. Wenn jemand nur aus quatsch laut gejault hätte, glaubt mir, ich hätte mich freiwillig tot auf den Boden gelegt.

Michael meint dass ich doch keine Angst zu haben brauche, weil er doch bei mir ist. Hm? Ja, mein Michael ist groß und stark, gewiss kann er es mit jedem aufnehmen. Aber ein Werwolf ist doch nun wirklich etwas anderes. Selbst wenn ich ihm helfen würde, hätten wir nicht den Hauch einer Chance. Das sage ich ihm natürlich nicht!

OK, der Werwolf kam dann Gott sei dank doch nicht und wir kamen sicher an unserem Ziel an.

Nun lassen wir auch das schöne Wien und die Mücken hinter uns und fahren erstmal wieder gen Heimat. Ohne Zwischenfälle! Mittlerweile schwer vorstellbar, oder ? Hi, Hi.

Wir schreiben das Jahr 2011

Es ist Sommer und das Wetter ist, um es milde auszudrücken, echt beschissen! Da wir nur zwei Wochen Urlaub zur Verfügung haben möchten wir trotzdem gerne nach Rügen. Diesmal wir beide, ich kann meinem Schatz ja nicht immer den schwarzen Peter zuschieben! Unsere Jungs, Frank und Tim, reden auf uns ein bloß in den Süden zu fahren. Wir wissen echt nicht was wir tun sollen? Gut, das Schild für Italien können wir ja vorsichtshalber hinten an den Fahrrädern festmachen.

Trotzdem, warum auch immer, fahren wir in strömenden Regen nach Rügen.

Irgendwann muss es ja mal aufhören zu Regnen.

TUT ES ABER NICHT!

Miss gelaunt kommen wir morgens auf Rügen an.

Das einzig tolle an der Hinfahrt war, dass wir nachts an einer Tankstelle übernachten mussten und genau daneben war Mc Donalds. Das heißt Hamburger Royal TS , wie geil ist das denn?

Der erste Stellplatz den wir uns auf Rügen anschauen gefällt uns überhaupt nicht, aber es gibt ja noch einen und da es noch früh am Morgen ist fahren wir da hin um ihn uns anzuschauen. Neben bei bemerkt es regnet und regnet und regnet und es ist kalt ;((

Der andere Stellplatz ist sehr groß und wir suchen uns einen Platz. Ich schaue mich erstmal um und stelle fest dass es gar kein Sanitärgebäude gibt. Das ist eben immer das wichtigste für mich. Ziemlich angepisst und Pitschenass gehe ich wieder zu Michael, der schon in der Zeit das Stromkabel rausgeholt hat. Nee, meine ich, hier bleiben wir nicht, es gibt ja nicht mal ein Klo.

Mein armer Schatz guckt mich, das Stromkabel in der Hand und auch Pitschenass, ganz verwirrt an.

Jetzt hat er die Schnauze voll und packt das Kabel wieder weg.

Wir fahren ohne Worte wieder zu dem anderen Platz, der uns ja eigentlich auch nicht gefällt, aber irgendwo müssen wir ja erstmal hin!

Ich gehe los und mache alles für eine Übernachtung klar, natürlich mit Stromanschluss, denn außer Fernsehen kann man ja nichts machen, da es ja in einer Tour REGNET! Michael sitzt derweil mit einem super sauerem Gesicht im Auto.

Als ich wieder einsteige sehen wir uns entschlossen an. Yes, sagen sich unsere Blicke, wir ruhen uns jetzt ein bisschen aus und dann fahren wir nach,

ITALIEN!

He Leute, wo ist das Problem?

Wir brauchen doch nur Deutschland von Norden nach Süden zu durchfahren.

Dieser Umweg von 1000 km ist doch egal.

Was tut man nicht alles für ein bisschen Sonne.

Es dauert aber eine halbe Ewigkeit bis wir wieder von dieser Insel runterkommen, denn auf der Brücke bis weit in das Land, zieht sich ein Stau und wir mitten drin! Habe ich eigentlich schon erwähnt das es regnet? Die Fahrt durch das Land ist ziemlich anstrengend, denn bis jetzt haben wir noch nicht allzu viel Erholung gehabt. Es ist echt kein Witz, aber die Sonne kam erst raus als wir ca.30 km vor Bibione in unserem geliebten Italien sind.

Jetzt werden wir für alles entschädigt, denn es wird noch ein wundervoller Urlaub bei viel Sonnenschein und Wärme.

Entspannt fahren wir „ohne Komplikationen" wieder nach Hause.

Wir schreiben das Jahr 2012

Es ist Pfingsten und die Wettervorhersage ist super.

Also nichts wie ab nach Koblenz.

Wir wollen mit unseren Freunden Didi und Wilma dort hin, aber da sie Samstag erst fahren können, reisen wir Freitag schon mal an, weil der Campingplatz sehr überlaufen sein wird.

Auf der Hinfahrt hätte es beinahe wieder geklappt. Da verliert doch tatsächlich ein offener Transporter einen wahnsinnig großen Stein, direkt vor uns. Wir können gerade noch rechtzeitig ausweichen, oder hat es unser Sloop von alleine gemacht, weil er keinen Bock auf noch eine Beule hat?

Wenn der wüsste was noch auf ihn zu kommt.

Direkt gegen über von dem Kaiser Wilhelm Denkmal ist ein sehr schöner Campingplatz und wir buchen auch gleich für unsere Freunde einen Platz vor uns. Jedes mal wenn wir in Koblenz sind, muss ich daran denken, wie es war als wir das erste Mal diesen Campingplatz aufgesucht haben.

Nun, es ist schon einige Jahre her, aber ich weiß es noch wie heute. Inzwischen hat sich hier einiges geändert. Es ist eine Erinnerung die sich sehr in mir eingeprägt hat.

Das Wetter ist zwar schön, aber da es noch Frühjahr ist noch nicht all zu warm. Nachdem wir angekommen sind möchte ich erst einmal schön heiß Duschen gehen. Hm!!

Als ich mit Kulturtasche und Handtuch am Sanitärgebäude angekommen bin, schaue ich ziemlich doof aus der Wäsche. Der Eingang besteht aus einer eisernen Gittertür. Es ist quasi alles offen, sodass jeder der vorbeigeht, da hineinschauen kann. Ich gehe hinein und mache die Tür trotzdem zu.

Jetzt stehe ich in einem großen Raum mit vier Duschen, die sich auf der rechten Seite befinden und auf der linken Seite steht eine lange Holzbank mit ein paar Kleiderhaken darüber. Ich habe mich noch gar nicht ausgezogen, aber ich friere jetzt schon denn es zieht durch die breiten Eisenstäbe der „Tür" wie Hechtsuppe.

In den Duschkabinen befinden sich keine Kleiderhaken, das heißt, ich muss mich erst an der Holzbank ausziehen und dann nackig zur Dusche rüberhüpfen.

Ich habe mich schon ganz hinten in die Ecke verdrückt, trotzdem schützt mich das nicht wirklich vor Blicken von draußen.

Mal gut das mein Handtuch so riesig ist, also ab in die Dusche.

Scheiße, ich habe mein Duschgel auf der Holzbank liegen gelassen.

Als ich wieder in der Dusche bin, mittlerweile tief gefroren, kann ich nicht fassen was meine

Augen jetzt zu sehen bekommen. Zwei große runde Wasserkräne wie zu Kriegszeiten, einer für kalt und einer für heiß. Aber welcher Hahn für was ist kann man nicht erkennen, denn es ist nicht farblich markiert.

Meistens ist es ja der linke für heißes Wasser und ich probiere es schlotternd aus.

War ja klar dass der für kalt war!

Schnell wieder zudrehen.

Jetzt bleibt ja nur noch einer übrig. Besser ist das! Während ich ihn aufdrehe schaue ich nach oben und sehe einen Duschkopf, wie ich noch keinen in meinen Leben gesehen habe. Hoffentlich kommt da kein Rost raus.

Tut es nicht und endlich rieselt heißes Wasser auf mich herab.

Na, wenn ich das jetzt nicht verdient habe weiß ich es auch nicht mehr. Nachdem ich Michael alles berichtet habe, lacht er sich natürlich über mich kaputt ☹ Ein bisschen Mitleid habe ich schon erwartet.

Am nächsten Tag schaue ich mich noch einmal ganz genau um. Und, was entdecke ich? Ihr könnt es euch bestimmt schon denken. Hinter dem Kiosk befindet sich noch ein Sanitärgebäude, auf dem neusten Stand!! Wollen die mich eigentlich verarschen? Das hätten die einem doch wirklich sagen müssen.

Nun, wie gesagt, das ist schon ein paar Jahre her.

Zurück zum Heute.

Als Highlight haben wir ein Vorzelt mit.

Das haben wir uns gekauft damit man auch mal geschützt draußen sitzen kann. Auf der Hinfahrt kamen wir schon richtig ins Schwitzen, denn die Wettervorhersage hatte ausnahmsweise einmal recht gehabt. Wäre ja nicht so das Problem, aber wir haben ja eine Klimaanlage die natürlich „nicht funktioniert". Es ist echt ganz schön warm geworden. Wollten wir ja so haben, aber muss es denn gleich so... heiß werden?

Nun erstmal das sich immer wiederholende Ritual.

Auffahrrampen raus und drauf fahren, wir wollen ja nicht mir dem Kopf nach unten schlafen. Teppich hinlegen, Stühle und Tisch raus, Markise raus, fertig.

So, jetzt erstmal ausruhen.

Denkste!

Michael ist hyperaktiv und will unbedingt sofort das Vorzelt aufbauen. Muss ich mir Sorgen um ihn machen? Das ist nämlich sonst mein Part. Hallo, eigentlich habe ich die Hummeln im Hintern! Ich habe keine Chance und wir fangen an bei 35 Grad das Vorzelt auf zu bauen. Zwischenzeitlich habe ich das Gefühl zu kollabieren.

Mein Gott, warum haben die sich bei der Wettervorhersage nicht geirrt, wie sonst auch immer?

Ist ja wieder typisch!

Mein Schatz ist unermüdlich, denn nachdem das Vorzelt steht, will er auf jeden Fall noch die Sat Schüssel aufbauen. Ich lasse ihn ölen und während ich mich immer öfter mit einem nassen Handtuch auf dem Kopf in den Schatten verdrücke, mache ich mir jetzt echte Sorgen um ihn.

Das ist doch nicht normal!

Als endlich alles fertig ist meint er doch allen ernstes, dass es schön wäre, wenn es am Wochenende mal regnen würde.

Er fände es halt ganz toll, wenn wir dann in dem, gemütlichem, trocknem, Vorzelt sitzen.

Jetzt ist er ganz übergeschnappt!

Am Samstag kommen unsere Freunde erst am späten Nachmittag an weil sie leider in einem längeren Stau geraten sind. Immer noch besser als so ein riesiger Stein vor dir auf der Autobahn, denn wenn der uns getroffen hätte, wäre die Fahrt für uns zu Ende gewesen, was für uns ja eigentlich normal gewesen wäre!

Da es noch heißer geworden ist als Freitag, mussten sie aber während der Fahrt nicht so schwitzen wie wir, denn die Klimaanlage von den beiden „funktioniert".

Nach einer herzlichen Begrüßung sitzen wir schön zusammen und überlegen was wir am nächsten Tag unternehmen möchten.

Da es seit der Bundesgartenschau eine Seilbahn gibt die hoch hinaus auf die Burg Ehrenbreitstein führt und einen phantastischen Ausblick auf den Rhein und die Mosel und sowieso von der ganzen Umgebung garantiert, beschließen wir damit zu fahren.

Michael hat zwar große Höhenangst aber nach langen Überredungskünsten von uns will er auch mit. Irgendwie muss ich an Varenholz denken, wo er auch Wasserski fahren wollte aber „leider" am nächsten Morgen einen Hexenschuss hatte.

Bin mal gespannt was er diesmal hat?

Am nächsten Tag ist die Überraschung für mich sehr groß. Er will immer noch mit! Die Seilbahn-waggons sind sehr groß, geräumig und sehen sehr stabil aus.

So, Michael, jetzt ist es soweit, scherzen wir lustig herum, aber erst als wir alle eingestiegen sind, sonst hätte er wohlmöglich doch noch einen Rückzieher gemacht.

Man konnte gar nicht so schnell gucken wie er sich in die Mitte des Waggons gesetzt hat.

Der Ausblick ist wahnsinnig und ich mache ganz viele Bilder während der Fahrt nach oben.

Die kann sich mein Schatz nachher ansehen denn im Moment ist er ein bisschen blass um die Nase und das Wichtigste auf der Welt sind gerade seine Hände und Füße von denen er seinen Blick nicht lässt.

Der arme Kerl!

Auf der Burg schauen wir uns erstmal alles in Ruhe an. Unter anderem ist da auch ein Gefängnis, wo man aber leider nicht rein kann. Unsere Männer sind schon weiter gegangen als ich mir einen Spaß erlaube. Ich stehe mit Wilma vor dem Gefängnisgitter und rüttele ganz kräftig daran und während ich, lasst mich hier raus schreie, steht eine Frau neben uns und schaut mich ganz entsetzt an. Die habe ich echt nicht gesehen, meine Güte ist das peinlich.

Wilma lacht sich natürlich wieder mal schlapp über mich, diese Gelegenheit gebe ich ihr übrigens öfter.

Nachdem wir uns alles angeschaut haben geht es wieder runter mit der Seilbahn.

Von dem Bierchen das die Männer sich gegönnt haben ist Michael aber auch nicht mutiger geworden, denn er setzt sich ganz schnell wieder in die Mitte, warum auch immer.

Wahrscheinlich meint er wenn das Ding abstürzt passiert ihm da nichts ☺

Nachdem wir wieder festen Boden unter den Füßen haben wird er erstmal kräftig von uns gelobt weil er so... mutig war. Das war doch ein Klacks, meint er und er würde das jederzeit wieder machen.

Das sagt er jetzt!! Ha, Ha.

Nachdem wir noch eine schöne Fahrradtour gemacht haben, wollen wir Grillen. Wilma hat Grillfleisch für uns alle mitgebracht und ich habe extra zu ihr gesagt dass sie keinen Holzkohlegrill mitbringen brauchen da wir einen Elektrogrill dabei haben.

Großer Fehler!

Wir machen den Elektrogrill an und die Sicherung fliegt raus.

So eine Sch..!

Nutzt ja nichts, denn obwohl uns langsam die Beine vom Radfahren weh tun, müssen wir noch mal los um einen Grill und Holzkohle zu kaufen. Das stellt sich leider nicht ganz so einfach heraus, wie wir uns das vorgestellt haben. In dem Supermarkt, ganz in der Nähe vom Campingplatz, haben sie hundert Säcke Holzkohle, aber natürlich keinen Grill. Ziemlich angepisst fahren wir über die Brücke in einen nächst größeren Supermarkt wo wir auch nach langem suchen einen Grill finden.

So, jetzt machen wir uns aber noch einen schönen Abend und wir haben wie immer noch sehr viel Spaß.

Am nächsten Tag müssen wir leider wieder nach Hause.

Jetzt kommt aber echt der letzte hammer!

Auf der Rückfahrt fahren wir zügig mit 140 km auf der Autobahn und sprechen gerade vergnügt über das schöne Wochenende, als es auf einmal einen fürchterlichen Knall gibt.

Mein erster Gedanke ist erst das ein Reifen geplatzt ist.

Ich schaue Michael mit großen entsetzten Augen an, aber er meint nur ganz trocken, dass uns ein großer schwarzer Vogel den er kurz vorher gesehen hat, über der Frontscheibe aufgeklatscht ist.

Mein Gott, wenn der in die Scheibe geflogen wäre, dann mal gute Nacht! Nun, die Antenne sieht jetzt aus wie ein Ringelschwänzchen und dahinter ist eine große Beule.

Das Auto hat ja noch keine Beulen!! Da wir inzwischen mit unserer Autoversicherung perdu sind, rufen wir sie auch gleich am nächsten Tag dort an. Langsam wird das echt peinlich☹ Ach ja, Michael hatte ja ein bisschen gehofft dass es einmal in Koblenz regnen sollte. Hat es aber nicht und ich glaube er war wirklich ein bisschen enttäuscht.

2012/ Herbst

Mittlerweile ist es September geworden. Den Sommerurlaub haben wir dieses Jahr zu Hause verbracht. Da ist es ja auch schön, dass muss man auch mal sagen.

Es wird für ein Wochenende noch mal richtig schön gemeldet und das wollen wir natürlich ausnutzten. Da haben wir uns überlegt mit den Rädern um das Steinhuder Meer zu fahren. Also nichts wie los. Es ist Freitagnachmittag, der Sloop ist gepackt und natürlich nehmen wir wieder unser Vorzelt mit. Wir haben uns einen Campingplatz in Mardorf ausgesucht. Als wir angekommen sind checke ich uns erstmal ein. Die Frau an der Rezeption redet so schnell auf mich ein, von wegen, das ist der Schlüssel dafür und das ist der Schlüssel dafür und da ist ein Tor und suchen sie sich einfach einen Platz aus, aber am besten da und dort.

Puh!

Ich bin ja nicht auf den Kopf gefallen aber das ging mir doch ein bisschen zu schnell. Wieder im

Auto sage ich zu Michael, er soll einfach durch die Schranke fahren, dann weiter geradeaus und dann schauen wir mal. Er sieht mich nur an und fährt ohne Kommentar los.

Sah ich echt so verwirrt aus?

Muss wohl!

Wir finden dann aber trotzdem auf Anhieb einen schönen Platz für uns.

Als erstes wird natürlich das Vorzelt aufgebaut.

Es könnte ja Regen geben, meint mein Schatz bemerken zu müssen.

Langsam nervt das!

Nachdem alles Wichtige erledigt ist, setzten wir uns auf die Räder und wollen nur „kurz" mal schauen wie es am Wasser aussieht. Michael fragt mich ob wir einen Schlüssel brauchen, aber ich meine nur, Quatsch, wofür denn?

Hm!

Da ist ein Tor welches verschlossen ist. Hinter dem Tor befindet sich eine Straße und genau gegenüber geht es in einen Wald. Also, da kann es schon mal nicht lang gehen. Wir fahren in eine andere Richtung aber da ist auch überall nur Wald. Nun fahren wir um den ganzen Platz. Nichts!

Hallo, wo geht es denn bitte zum Wasser?

Da treffen wir endlich jemanden den wir fragen können. Ja, meint dieser, ihr müsst wieder ganz zurück zu dem Tor, dann über die Straße und ein Stück durch den Wald. Aha, dafür war einer der Schlüssel. Nachdem ich einen vorwurfsvollen Blick von Michael geerntet habe fahren wir wieder zum Auto um diesen blöden Schlüssel zu holen.

Ich bin auch nur ein Mensch!

So, ab durch das Tor, über die Strasse, durch den Wald und zack, da ist das Wasser. Geht doch! Ach ist das schön. Die Sonne scheint und am Strand tummeln sich jede Menge Surfer.

Wir fahren erstmal rechts herum um zu sehen was es da alles so gibt. Außer Wald und Felder nichts Dramatisches.

Gut, fahren wir einfach wieder zurück, wir wollten ja auch nur mal kurz gucken was es hier alles so gibt. Wieder bei den Surfern, geht es weiter links rum. Himmel, denke ich, während ich mich hinter meinem Schatz abstrampele, wo will der denn noch hin? Es ist schon fast Abend und die Runde um das Steinhuder Meer wollen wir doch erst morgen fahren.

Außerdem habe ich Hunger und die Beine tun mir auch langsam weh. Während ich das gerade denke, sind wir auch schon bei der Alten Moorhütte. Da wollten wir auch erst morgen hin!

Hallo??

Nachdem ich meinen Unwillen ausgedrückt habe, geht es wieder zu dem Campingplatz. Ja, wenn mein Michael so in Fahrt ist kann man ihn schwer bremsen, das habe ich nun schon öfter erlebt. Man erinnere sich an Wien. Lieber nicht!

Am nächsten Morgen, nachdem wir ordentlich ausgeschlafen haben, wird erstmal gefrühstückt.

Ich bin morgens noch nicht so hungrig und esse deshalb nur 1 halbes Brötchen, aber ich denke mir das es auf dem Weg um das Meer genug Fischbuden gibt.

Wie kann man sich doch Irren!

Also ab zum Tor, über die Straße, durch den Wald. Jetzt fahren wir rechts, weil wir ja zum Schluss in der Alten Moorhütte einkehren möchten. Auf dem Fahrradweg lässt es sich gut fahren.

Noch!!

Der Weg geht durch Wald und Wiesen, ab und zu sehen wir sogar Wasserbüffel und Störche. Es ist wirklich ein sehr schönes Naturschutzgebiet. Aber wo sind all die Fischbuden und wo ist das Wasser? Nach ca. zwei Stunden kriege ich echt Kohldampf.

Toll, meine ich zu Michael, wahrscheinlich kriege ich erst was zu essen wenn wir in Steinhude sind und das dauert bestimmt noch anderthalb bis zwei Stunden. Als ich dann auch noch zur Antwort bekomme, dass er das auch langsam glaubt, fängt mein Magen noch mehr an zu knurren.

Bäume gibt es hier ja genug aber glaubt mal ja nicht das da ein Apfelbaum bei wäre. Mann könnte sich ja welche pflücken, aber nein, das machen die alles extra☹ Nun kommen wir auch noch an einem Maisfeld vorbei. Ich überlege wirklich für einen Moment. Nein, Augen zu und weiter.

Michael meint, dass er jetzt auch langsam Durst bekommt.

Ach was!

Endlich sind wir da.

Ausgehungert verdrücke ich zwei Fischbrötchen hintereinander. Diesmal ist Michael der Kulturbanause. Currywurst und Pommes. Pah! Nachdem wir uns noch ein bisschen die Beine vertreten haben, wollen wir weiter. So ein wenig tut uns auch schon der Hintern weh. Aber zur Vorsicht möchte ich noch ein Fischbrötchen essen. Wer weiß, wann ich wieder etwas zu essen kriege!

Michael meint natürlich dass ich das nicht mehr schaffe.

Muss der immer Recht haben.

Tja, wenn einen die Gier packt.

Nach ca. einer halben Stunde bereue ich das auch schon, denn mir wird ein bisschen schlecht.

Das liegt aber bestimmt auch an diesem blöden Radweg der immer holpriger und steiniger wird. Diese letzte Etappe fordert uns echt viel ab.

Jetzt habe ich auch noch stechenden Durst weil ich in Steinhude nichts getrunken habe. Die haben ja Preise wie im alten Rom.

Das habe ich nun von meinem Geiz.

Und mein Hintern tut jetzt noch mehr weh, weil ich es irgendwie immer wieder schaffe, in jedes verdammte Schlagloch zu fahren. Michael geht es auch nicht anders wie mir, aber er sagt das nicht.

Ach, er ist ja so tapfer und fährt immer schneller. Ich weiß auch warum.

Wir müssten nämlich bald an der Moorhütte angelangt sein und da gibt es ein schönes kaltes Weizenbier. Dieser Gedanke lässt auch mich schneller werden!

Endlich sind wir da.

Diese Hütte ist sehr interessant, denn sie wurde um eine riesige Eiche gebaut. Der Baum steht quasi mitten in der urgemütlichen Gaststube.

Echt cool!

Nachdem wir uns mit dem ersehnten kühlen Bier gestärkt haben, nehmen wir uns vor, zum Abend noch einmal hierher zu kommen um etwas zu essen, denn die Speisekarte hört sich sehr gut an. Als wir dann später, nachdem wir köstlich gespeist haben, wieder in unserem Vorzelt sitzen sind wir doch ziemlich geschafft.

Das ist halt im hohen Alter so. Ha, Ha

Wir hoffen nur dass uns am nächsten Tag der Hintern nicht mehr ganz so weh tut.

Ich habe zwar während der Fahrradtour

zu Michael gesagt, dass ich das jedes Wochenende machen würde wenn ich hier wohnen würde, aber mittlerweile denke ich, dass es wohl auch einmal im Jahr reichen würde.

Am nächsten Vormittag wird alles wieder in Ruhe eingepackt und es geht nicht ganz so ausgeruht nach Hause.

Schön war es aber auf jeden Fall.

Wenn wir das noch einmal machen sollten nehme ich auf jeden Fall Proviant mit. Das ist so sicher wie das Amen in der Kirche! Michael schaut ein bisschen enttäuscht aus während wir nach Hause fahren. Es hat wieder nicht geregnet!

2012/ Winter

Ja, Weihnachten naht in riesen Schritten und dieses Mal möchten wir mal alles anders machen.

Wir hauen ab!

Eigentlich spricht man ja von einer besinnlichen Vorweihnachtszeit, nur ist die leider wieder mal an uns vorbeigerauscht☹ Stress pur! Darum geht es nach Cuxhaven auf den Campingplatz.

Ohne Einkaufsstress und Besucherrummel.

Einfach nur die Seele baumeln lassen.

Na, wenn sich das nicht gut anhört, Oder?

Am Sonntag den 23.12. geht es los, alles ist gepackt und natürlich haben wir auch wieder unser Vorzelt und einen Gas Heizofen mit, der für wohlige Wärme sorgen soll. Und noch ein Highlight haben wir mit.

Eine Weihnachtsgans!

Die soll es am ersten Weihnachtstag geben.

Wie die zubereitet wird kommt später, ihr könnt gespannt sein.

Jetzt fahren wir aber erstmal morgens um 8.00 Uhr bei einem herrlich grauen Nieselwetter los☹ Kann ja nur noch besser werden. Tut es aber nicht! Die Fahrt hat leider ein bisschen länger gedauert, da sie im Radio andauernd vor Blitzeis gewarnt haben. Damit haben die mich natürlich richtig nervös gemacht. Ich bin halt in manchen Situationen recht ängstlich, dass habt ihr ja schon mitbekommen, aber auch nicht immer ohne Grund.

Zurück zum Blitzeis, also ich war echt hammer nervös und mit meinem ewigen „ pass auf Michael", „fahr nicht so schnell Michael" habe ich ihn super genervt.

Da hat er mich bitterböse angeschaut und ich habe prompt keinen Pieps mehr von mir gegeben. Nur in mir drin hat es immer „huch" und „ach du Schreck" gemacht. Ich wette das hat er auch gehört. Als wir mittags heil angekommen sind schaut mich der Campingplatzbesitzer baff an.

Hm?

Nein, mit uns hat er nicht gerechnet bei so einem Schietwetter.

Hallo, sowas kann uns jawohl nicht abschrecken! Er meint, das gestern noch 40cm Schnee lagen, aber der Regen und die milderen Temperaturen haben ihn wieder schmelzen lassen. Na, da sind wir aber froh das jetzt alles nur noch nass und überfroren ist☹

Er gibt uns einen Schotterplatz ganz am Ende des Platzes. Zu unserem Leidwesen ist es immer noch leicht am regnen und der Wind ist eklig kalt. Nutzt ja nichts, trotzdem muss ich erstmal aufs Klo. Als ich wieder zurück komme hat Michael das Auto schon auf die Auffahrrampen gefahren. Sehr schön, denn wenn wir jetzt mit dem Kopf nach unten schlafen bin ich jedenfalls nicht Schuld, ha.

Jetzt geht es los. Na was wohl?

Vorzelt aufbauen, aber vorher schon mal einen Teppich hinlegen damit wir nicht so auf der vereisten Fläche rumtrampeln müssen. Wenn der Teppich nass wird, ist das nicht so schlimm, weil wir noch einen zweiten mithaben. Wow, sind wir clever? Der kalte, nasse Wind macht es uns nicht gerade einfach das Zelt aufzubauen. Mittlerweile habe ich das Gefühl, dass mir gleich die Hände vor Kälte abfallen. Hat der Campingplatzbesitzer vorhin nicht etwas von milden Temperaturen gesagt?

Das hat der doch geträumt!

Michael geht es natürlich nicht besser, denn während ich nun im Vorzelt stehe muss er ja jetzt die Heringe draußen festmachen, was sich als sehr schwierig heraus stellt, ich würde ja gerne helfen aber wir haben nur einen Hammer, wen wundert dass?

Der Boden besteht aus Schotter, die Heringe sind nicht spitz und der Hammer ist viel zu klein. Ach, wie gerne höre ich meinen Mann doch fluchen. Nachdem alles einigermaßen fest ist machen wir ganz schnell den Ofen an und es verbreitet sich relativ schnell eine schöne Wärme. Oh Wunder, der Wind ist weg und es hat aufgehört zu regnen.

Jetzt!!

Heiligabend verbringen wir ruhig und gemüt-lich bei Kartoffelsalat und Würstchen. Unsere Vor-freude steigt immer mehr, denn morgen gibt es ja die

GANS.

Es ist soweit, der erste Weihnachtstag ist da.

Nachdem wir eine Kleinigkeit gefrühstückt ha-ben muss Michael aber erstmal die Heringe rings-herum wieder festmachen, da es die letzte Nacht so gestürmt hat, dass wir Angst hatten das uns das Vorzelt wegfliegt. Ja, diesmal hatten wir beide, ich nenne es mal, leichte Bedenken. Nicht immer nur ich alleine. So, nun wird die Gans, übrigens ist sie 3,5kg schwer, für den Gasgrill vorbereitet.

Dieser Grill ist echt klasse, er steht fest auf vier hohen Alufüßen und über dem Zwischenraum, wo die Gans sich dank eines Elektromotors langsam drehen wird, befinden sich drei Kochplatten, wel-che die Möglichkeit bieten darauf zusätzlich noch zu Kochen. Na, wenn ich mich jetzt nicht gewählt ausgedrückt habe☺

Okay, zurück zur Gans.

Ich habe euch ja gesagt dass es spannend wird und ich halte wie immer Wort.

Das ist Michael sein Part, ja da ist er ganz in seinem Element. Nachdem er das Würzritual be-endet hat, kommt das Küchengarn zum Einsatz. Er bindet die Gans damit so gekonnt zusammen, als wäre es seine Mission damit die Welt zu retten.

Unglaublich!

Nun wird sie fest auf den Spieß gesteckt und in den Motor eingehakt, halt, erst muss ich ihm noch die Stirn abtupfen, denn es geht hier echt so zu wie bei einer OP. Und jetzt kommt der große Moment. Sie dreht sich!

Nebenbei fragt Michael mich was es denn dazu gibt. Na, sage ich „ ein Glas Preiselbeeren, da waren wir uns doch einig". Schon, aber ein paar Knödel und Rotkohl gehören doch irgendwie dazu, meint er.

??? Ach was!

„Darf es denn auch ein bisschen Soße sein"? frage ich etwas sarkastisch.

Wäre nicht schlecht, kommt als Antwort zurück. Den Sarkasmus in meiner Stimme hat er gar nicht mitbekommen, weil er viel zu fasziniert vom Anblick der Gans ist. Das habe ich doch wirklich gut hingekriegt, höre ich jetzt schon zum x ten mal. Ja, Ja, Ja. Ist ja gut, ich gehe ja schon alleine los und kaufe alles ein, denn einer muss natürlich hierbleiben um auf die Gans auf zu passen. Das ist selbstverständlich eine immens wichtige Aufgabe, die nur Michael bewältigen kann.

Blödmann!

Ob es gut oder schlecht ist das die Geschäfte hier an den Feiertagen aufhaben wissen nur die Götter. Als ich von meinem Einkauf zurück komme, strömt mir schon ein angenehmer Duft entgegen. Es ist ja so was von cool bei einem guten Glas Wein zu zusehen, wie sich die Gans langsam dreht. Das ist Camping, einfach nur geil.

Jetzt möchtet ihr doch bestimmt noch wissen ob wir es geschafft haben alles auf zu essen.

Na logisch, okay nicht ganz, den Rest habe ich abends noch abgenagt.

Hm, einfach nur köstlich!!

Am Freitagmorgen ist schönes Wetter angesagt und wir beschließen mit den Rädern zu fahren. Ich habe den Sattel zwar trocken geputzt und trotzdem kriege ich einen nassen Hintern während wir fahren. So ein Mist, aber zum umkehren habe ich auch keine Lust. Wird schon wieder trocken, rede ich mir ein. Ach, ist das unangenehm. Vor allem als wir die Räder abstellen, um auf dem Deich spazieren zu gehen.

Toll, schimpfe ich laut, wenn ich jetzt auch noch eine Blasenentzündung bekomme hat es ja geklappt. Habe ich aber zum Glück nicht!

Wieder auf dem Campingplatz angekommen sehen wir wie ein Kamerateam vom NDR den Platz besichtigt. Na, meine ich, wenn die uns mal nicht noch Interviewen wollen. Ja klar, ist die trockene Antwort von meinem Schatz. In unserem Vorzelt angekommen machen wir schnell den Ofen an, weil der kalte Wind uns ziemlich durchgepustet hat. Vor allen Dingen mein wertes Hinterteil. Dem entsprechend sahen wir auch auf dem Kopf aus. Wie eine voll gepisste Wolldecke, pflegt Michael dann immer zu sagen. Da gehen die Reporter Moin rufend an uns vorbei. Ich denke gerade so bei mir wenn die mal nicht gleich wieder zurück kommen. Ach du Sch…, tatsächlich tun sie das und fragen freundlich, ob sie zu uns hereinkommen können. Zu spät für uns um noch schnell die Haare zu kämmen und Rouge aufzulegen.

Verflixt!!

Nachdem wir uns ein paar Minuten nett unterhalten haben und dabei gefilmt werden, meinen die Reporter, dass die Reportage abends im Fernseher ausgestrahlt wird. Mein erster Gedanke ist das sie uns hoffentlich rausschneiden, sonst müssen wir womöglich noch Autogramme geben☺

Haben sie nicht!

Tatsächlich waren wir ca.1min im Fernseher zu sehen. So schlimm wie wir gedacht haben, sahen wir dann doch nicht aus. Komischerweise wollte am nächsten Tag niemand Autogramme von uns.

Verstehe ich überhaupt nicht☹

Einen Tag vor Sylvester zieht es uns doch wieder nach Hause. Es ist gutes Wetter und so können wir unser Vorzelt und alles andere trocken verstauen. Das ist halt das schöne am Wohnmobil fahren, wenn du wieder nach Hause oder noch woanders hin möchtest, brauchst du nur los zu fahren.

Wir nennen es FREIHEIT!!

Entspannt und ausgeruht fahren wir wieder nach Hause. Ach ja, mein Michael fand es ja schön das es jetzt endlich mal geregnet hat während wir gemütlich im Vorzelt sitzen. Aber so viel Regen wäre nun auch nicht nötig gewesen. Manchmal mache ich mir wirklich ein bisschen Sorgen um ihn☺

Wir schreiben das Jahr 20013 / Sommer

Ja Leute, es ist mal wieder soweit, der Sommerurlaub naht in riesen Schritten. Da wir letztes Jahr leider nicht in den Süden fahren konnten, freuen wir uns jetzt doppelt so sehr. Diesmal steht Kroatien wieder auf unserem Urlaubsplan. Ca. zwei Wochen vorher sprechen wir nur so aus Zufall über Personalausweise. Michael meint ganz trocken, dass seiner schon im April abgelaufen war.

Hallo, geht es noch? Wir müssen durch Slowenien, meine ich voller Panik erwähnen zu müssen. Da guckt sowieso keiner drauf, kriege ich zur Antwort. Okay, ich mache mich trotzdem mit seinem Ausweis auf zum Amt. Auweia, meint die junge Beamtin, dass ist nicht gut, denn einmal im Jahr bleibt einer deswegen an der Grenze hängen. Diese Antwort gefällt mir schon mal gar nicht. Auf meine Frage wie es mit einem vorläufigen Ausweis aussieht, meint sie, dass es viel zu kurzfristig wäre aber das die Möglichkeit besteht einen Expressausweis zu beantragen den man nach drei Tagen bekommen kann. Die Kosten würden allerdings einhundert Euro betragen. Diese Antwort gefällt mir erst recht nicht. Die haben ja wohl einen Vogel!

Ihr wisst ja das ich immer leicht nervös werde aber wir lassen es einfach darauf ankommen.

Zehn Tage bevor es losgeht, bemerke ich eine Wasserpfütze unter der Motorhaube. Na toll, ab zu unserer Werkstadt. Ja, meint der nette Mechaniker, könnte sein das der Kühler kaputt ist aber vielleicht ist es auch nur der Schlauch. Habe schon mal besser gelacht, denn wie sich heraus stellt ist es natürlich der Kühler. Hätte mich auch arg gewundert. Ich bitte ihn auch gleich noch nach der Klimaanlage zu schauen die ja immer noch nicht funktioniert. Ach ja, neue Scheibenwischerblätter brauchen wir auch. Die Scheibenwischerblätter waren, nebenbei bemerkt das Einzige was ich habe machen lassen wollen. Als ich ihn wieder abhole wird mir versichert dass alles wieder okay ist. Nach ein paar Tagen stellen wir aber fest dass die Klimaanlage immer noch nicht funktioniert.

Ich bekomme leider erst einen Tag bevor wir loswollen einen Termin in unserer Werkstadt um nach zu schauen woran es liegen könnte.

Lange Rede, kurzer Sinn, der Kondensator ist kaputt! Das kann natürlich keiner riechen. Scheiße!

Fahren wir halt ohne, sind wir ja gewohnt.

Endlich ist es soweit und wir fahren Freitagmittag los. Nach gut acht Stunden sind wir in Villach angekommen. Auf einem Caravanparkplatz wollen wir die Nacht verbringen. Der ist zwar eigentlich nur für Wohnwagen aber da dort noch einige andere Wohnmobile stehen machen wir das auch. Am nächsten Morgen werden wir um 5.15 Uhr unsanft geweckt. Eine Horde 18-20 jähriger hat sich vorgenommen bei lauter Musik Fußball zu spielen. Natürlich genau vor unserem Auto, obwohl der Parkplatz riesengroß ist.

Vollkommen klar dass der Ball auf einmal volle Pulle an unser Auto donnert. Nachdem wir sie zurechtgewiesen haben ist dann auch Ruhe und die Fahrt für uns geht „etwas" unausgeschlafen weiter. Wir kommen der Grenze immer näher und ich werde immer unruhiger. Was, wenn sie die Personalausweise ganz genau anschauen? Michael amüsiert sich natürlich wieder Königlich.

Und tatsächlich winken sie uns einfach weiter. Die haben nicht einmal geguckt. Puh, ich bin klatschnass geschwitzt.

Gegen Mittag kommen wir in Rovinj an. Der Campingplatz gefällt uns zwar nicht so gut, weil man erst zu Fuß nach einem Platz schauen muss. Das ist ganz schön viel zu latschen, aber was soll es, nutzt ja nichts. Ziemlich müde checke ich uns erstmal für ein paar Tage ein.

Am nächsten Tag machen wir uns ausgeschlafen mit den Rädern auf den Weg nach Rovinj. Die Altstadt ist wirklich wunderschön, aber man muss sich echt vorsehen das man auf dem glatten Pflaster nicht ausrutscht. Auf dem Rückweg müssen wir Berghoch fahren und kommen an einer hohen Steilwand vorbei an der sich Kletterer ernsthaft bemühen dort hinauf zu kommen. Natürlich sind sie zu ihrer Sicherheit angeleint. Sieht richtig abenteuerlich und anstrengend aus. Also nichts für uns.

Am nächsten Tag meint mein Schatz dass wir gar nicht den steilen Berg hinauf müssen denn da führt auch ein Weg geradeaus weiter. Ich kann mir das zwar nicht so wirklich vorstellen aber ich folge ihm ganz artig. Nach ca. einem Kilometer stellen wir fest das es eine Sackgasse ist. Sag ich doch. Am Nachmittag gehe ich zu dem Supermarkt um uns noch ein leckeres kaltes Bier zu holen aber leider hat der schon ab 15.00 Uhr geschlossen. So ein Mist und noch ein weiterer Punkt diesen Platz nicht zu mögen. Wieder bei Michael angekommen bemerke ich dass alle Leute zum Meer schauen. Warum denn nur? Ich setze mich auf das Rad und fahre hinunter zum Wasser.

Alter Falter, ich traue meinen Augen nicht. Sechs Tornados schön in einer Reihe. Ist ja klar dass es in unserem Urlaub nicht mindestens einmal zu einem „Upps" kommt. Wie von einer Tarantel gestochen fahre ich zurück und ganz aufgelöst berichte ich Michael was los ist. Jetzt fährt er auch zum Wasser und nimmt das Handy mit um ein Foto zu machen. Ich habe in der Zeit natürlich schon alles Sturmfest gemacht. So ihr doofen Tornados, ihr könnt kommen, ich bin bereit.

Ja was soll ich euch sagen, die Tornados haben tatsächlich abgedreht. Also, ich habe ja ernsthaft damit gerechnet dass mindestens einer über den Platz fegt und wir wieder ordentlich was abkriegen.

Aber wir müssen ja auch mal Glück haben. Außerdem ist der Gedanke in der Luft herum gewirbelt zu werden nicht gerade angenehm. Schön ist was anderes.

Am vierten Tag fahren wir weiter nach Porec. Den Campingplatz Zelena Laguna kennen wir ja schon und wissen das wir da nichts falsch machen können. Michael will wieder ganz oben auf den Berg. Mein Einwand, dass wir dann ja wieder immer den Berg des Leidens mit dem Fahrrad hoch müssen, wird mit der Begründung das wir uns ja auch ein bisschen bewegen müssen, bei Seite geschoben.

Na gut, ich habe dich gewarnt.

Am späten Nachmittag fängt es an zu Regnen und die Temperatur fällt von 29 Grad auf 15 Grad herunter. Mit anderen Worten, es war verdammt kühl. Jetzt kommt es wieder. Michael meint auf einmal das er ja seine lange Jogginghose mitnehmen wollte, aber „ich" habe ja gemeint, dass wir die nicht brauchen.

Ist ja klar!

Der nächste Tag fängt wieder mit wunderbarem Wetter an und es bleibt auch so und von einer Jogginghose ist keine Rede mehr.

Das letzte mal vor unserer Heimreise, nachdem wir wieder den Berg des Leidens erklommen haben, meint mein Schatz das wir beim nächsten Mal ganz unten einen Platz nehmen werden, da wir ja auch so genug Bewegung haben.

Ach was??

Auf dem Rückweg machen wir einen Stopp in München um dort zu Übernachten, damit wir am nächsten Tag wieder ganz entspannt und ausge-schlafen nach Hause fahren können.

Tja, das war unsere Geschichte.

Ich hoffe dass sie euch ein bisschen unterhalten hat ☺

www.tredition.de

Über tredition

Der tredition Verlag wurde 2006 in Hamburg gegründet. Seitdem hat tredition Hunderte von Büchern veröffentlicht. Autoren können in wenigen leichten Schritten print-Books, e-Books und audio-Books publizieren. Der Verlag hat das Ziel, die beste und fairste Veröffentlichungsmöglichkeit für Autoren zu bieten.

tredition wurde mit der Erkenntnis gegründet, dass nur etwa jedes 200. bei Verlagen eingereichte Manuskript veröffentlicht wird. Dabei hat jedes Buch seinen Markt, also seine Leser. tredition sorgt dafür, dass für jedes Buch die Leserschaft auch erreicht wird

Autoren können das einzigartige Literatur-Netzwerk von tredition nutzen. Hier bieten zahlreiche Literatur-Partner (das sind Lektoren, Übersetzer, Hörbuchsprecher und Illustratoren) ihre Dienstleistung an, um Manuskripte zu verbessern oder die Vielfalt zu erhöhen. Autoren vereinbaren unabhängig von tredition mit Literatur-Partnern die Konditionen ihrer Zusammenarbeit und können gemeinsam am Erfolg des Buches partizipieren.

Das gesamte Verlagsprogramm von tredition ist bei allen stationären Buchhandlungen und Online-Buchhändlern wie z. B. Amazon erhältlich. e-Books stehen bei den führenden Online-Portalen (z. B. iBookstore von Apple) zum Verkauf.

Seit 2009 bietet tredition sein Verlagskonzept auch als sogenanntes "White-Label" an. Das bedeutet, dass andere Personen oder Institutionen risikofrei und unkompliziert selbst zum Herausgeber von Büchern und Buchreihen unter eigener Marke werden können.

Mittlerweile zählen zahlreiche renommierte Unternehmen, Zeitschriften-, Zeitungs- und Buchverlage, Universitäten, Forschungseinrichtungen, Unternehmensberatungen zu den Kunden von tredition. Unter www.tredition-corporate.de bietet tredition vielfältige weitere Verlagsleistungen speziell für Geschäftskunden an.

tredition wurde mit mehreren Innovationspreisen ausgezeichnet, u. a. Webfuture Award und Innovationspreis der Buch-Digitale.

tredition ist Mitglied im Börsenverein des Deutschen Buchhandels.

Zeitfracht Medien GmbH
Ferdinand-Jühlke-Straße 7
99095 Erfurt, Deutschland
produktsicherheit@kolibri360.de